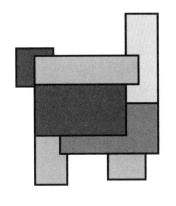

データ取引契約
の基本と書式

長谷川俊明［編著］

荒木洋介
中山　創
藤田浩貴

中央経済社

はしがき

　「データの世紀」とはやされ，これからは大量のデータをさかんにやり取りするようになる，といわれても今ひとつ実感が湧かない。

　2018年に入る頃から，データ取引を取り巻く環境は急速に動きはじめた。今年5月25日からEU（欧州連合）の一般データ保護規則（GDPR）が施行に移され，日本企業はEU域内に子会社などの拠点があるか否かにかかわらず，同規則に違反すれば巨額の制裁金を科されかねなくなった。

　国内では，経済産業省が，「AI・データの利用に関する契約ガイドライン」を，4月27日から1ヵ月間の「意見公募」（パブリックコメント）を経て，6月15日に確定し公表した。

　同ガイドラインは，「AI編」と「データ編」に分かれ，それぞれ130頁を超える大部のものである。本書を執筆するにあたっては，後者の「データ編」を随所で参考にさせてもらった。「契約類型別にデータの取扱いに関する法的論点や契約での取決め方等について整理」されており，本書のテーマに関しては極めて有益な資料である。

　必要とされる条項を織り込んだ適切な内容の契約によって取引を行うことは，データ取引の当事者になろうとする企業にとって，情報管理内部統制の一環である。

　データ取引分野で生じかねないネット流出事故などに対応するための内部統制は，この分野に限らず，リスクの発現を防止，縮減するためのリスク管理と一体をなすものとして，整備，運用されなくてはならない。

　いま情報管理上最大のリスクとなるのが，個人データの大量ネット流出である。今年3月中旬に明るみに出たフェイスブック社の事故が，リスクの大きさを物語っている。

　同流出事故が，EUのGDPRが適用開始になった今年5月25日以降に起こったならば，巨額の制裁金を課せられたに違いないとする専門家は多い。

今後，企業は想定されるリスクを最小限に抑え込む内部統制に力を注ぐ必要があるが，決め手となるのは，適切な文書化，とくに適切な内容の条項を含んだ契約書づくりである。

　本書は，昨年9月に同時刊行した『業務委託契約の基本と書式』および『ライセンス契約の基本と書式』の続編である。なるべく多くの契約条項文例と契約書ひな型を収めて，読者の参考に供するとの編集方針は共通する。編著者だけでなく執筆陣も変わらない。

　この本が「データ取引時代」にふさわしい契約書づくりのための基本書として，広く読まれることを心から願っている。

　最後になったが，この「基本と書式」シリーズ3冊すべてにつき，明確な方針の下で出版にこぎつけることを可能にして下さった，中央経済社編集部の露本敦氏には心より感謝申し上げたい。

　2018年8月

長谷川　俊明

目　次

はしがき／1

第1部　データ取引契約の基礎知識

1　データ「大流通時代」の到来と「規制」　　　　　　　　　8
- ◆グローバルな個人データの流通／8
- ◆「データ資源」の奪い合い／9
- ◆TPP合意とグローバルなデータ流通／11
- ◆EU・一般データ保護規則の制定・施行のインパクト／12
- ◆GDPRの求める情報管理内部統制と契約実務／13
- ◆GDPRの示す標準契約書式と参考にすべき条項／15
- ◆GDPRと個人情報保護法の比較／18
- ◆中国のデータ取引規制／19
- ◆個人情報保護法改正と個人データ流通自由化／21
- ◆改正による「第三者提供の厳格化」とクラウドサービス／25

2　「データ資本主義」社会の"主権者"とデータ利用権限　　　27
- ◆個人データの流れの変化－BtoCからCtoBへ／27
- ◆個人データの「持ち運び権」／28
- ◆個人データコントロール権との関係／30
- ◆データの利用権限と知的財産権／32
- ◆AIによる「機械学習」と知的財産権侵害／34

3　データ流通と契約　　　　　　　　　　　　　　　　　　36
- ◆「データ売買市場」の創設／36
- ◆データ取引契約の特徴／37
- ◆AI・データ契約ガイドラインの公表／38
- ◆ガイドライン「データ編」の想定する契約類型／39
- ◆データ取引契約と独占禁止法／43
- ◆データ取引契約の"ひな形"と検討項目／45

◆データ取引契約と民法改正／55
　④ **データの活用が期待されるデジタル広告** ──────── 61
　　　◆ネットを使ったデジタル広告／61
　　　◆パーソナルデータのインターネット上のサービスへの利用／63
　⑤ **データ取引当事者に求められる体制整備** ──────── 65
　　　◆求められる「データガバナンス」／65
　　　◆データのセキュリティガバナンスのための体制整備／66
　　　◆データサイエンティストの配置／67
　　　◆"データ取引責任者"（DTO）の配置／68
　　　◆プラットフォーマーの役割と責任／68
　　　◆プラットフォーマーなどの法的責任を扱った裁判例／70
　　　◆大手プラットフォーマーからの個人情報大量流出事件と
　　　　インターネット広告／76

第2部　契約条項の文例と機能

① **データ提供契約** ──────────────────── 80

② **匿名加工情報利用許諾契約** ─────────────── 96

③ **データ消去・廃棄委託契約** ─────────────── 111

④ **クラウドサービス利用規約** ─────────────── 127

⑤ **情報提携契約** ──────────────────── 147

⑥ **API利用許諾契約書** ───────────────── 158

⑦ **IoT規約** ───────────────────── 177

⑧ **情報銀行利用契約に関する規約** ─────────── 205

9　秘密保持契約書 ──────────── 228

第3部　契約書ひな形集

1　個人情報の取扱いに関する同意書 ──────── 236
2　プライバシーポリシー ─────────────── 239
3　秘密情報管理規程 ──────────────── 246

索　引／252

第1部

データ取引契約の基礎知識

1 データ「大流通時代」の到来と「規制」

◆ **グローバルな個人データの流通**

　2018年は，個人データのグローバルな流通にとって画期的な年になるかもしれない。

　2018年5月25日，EU（欧州連合）が個人データの処理や域外への持ち出しを規制する新しいルールを定めた一般データ保護規則（EU General Data Protection Regulation：GDPR）を施行したからである。

　インターネットを利用した大量のデジタルデータが国境を越えクロスボーダーで流通する時代になった。その背景には，「ネット取引に国境はない」というが，インターネットのもつグローバル性がある。

　いわば「ビッグデータの大流通時代」が到来したのだが，いぜんとして国や地域による法的規制の「壁」は残存している。

　グローバルの元の英語globeは「球体」，すなわち「地球」を意味することから，グローバル化とは「地球規模」「世界規模」での市場の一体化を表す経済分野で先行した現象であった。

　経済分野に比べると，法分野のグローバル化は遅れている。それは，国家がなくならない限り，国独自の法制度・法規制，裁判制度を構築するのは主権の行使として当然のことと考えるからである。

　データ流通に関して世界を見渡すと，なるべく自由に流通させ規制を最小限にとどめようとするアメリカ合衆国と，個人データを中心に地域外へのデータ移転を規制しようとするEU（欧州連合），主に安全保障面からデータの国外流出を規制しようとする中国の，"三者三様"の思惑が交錯している。

　そのなかで，日本はどの陣営に組して自国の利益を守っていったらよいか，日本企業は巨大なデータの流れに呑み込まれてしまうことな

く，いかにして流れをコントロールする側にまわれるかが課題として大きくなった。

◆「データ資源」の奪い合い

　日常生活において，「ネット通販」などのバーチャルショッピングを利用する人は増えている。インターネットでウェブサイトの閲覧をしたり買い物をすると，閲覧や買い物をした個人の履歴データが，プラットフォーマーと呼ばれる大手IT企業によって蓄積されていく。

　こうして集められた個人データは，消費者の好みや嗜好を分析し商品の広告・宣伝その他に広く使うことのできる"宝の山"である。ビッグデータを分析し活用するためにはAIを用いるのであるが，AIの性能は集められたデータの量が多ければ多いほど高まる。

　今後「膨大なデータは現代の石油になる」とする中国某プラットフォーマー経営トップの言葉はあながちオーバーとはいえない。

　個人データの大きさでいえば，14億人の人口をもつ国内市場をかかえるだけでも，中国の大手プラットフォーマーは有利である。それだけでなく，中国はインターネットに対する管理・統制を「国家主権」の問題として正当化し，実施している。

　中国が管理・統制の法的根拠にしているのが，2017年6月から施行した「インターネット安全法」である。同法は外資企業による中国内のデータ持ち出しを厳しく規制する点に特色をもつ。国家が統制をして国家の安全を守り抜こうとしているのである。

　こうした中国に対抗してアメリカも，国家の安全保障を旗印に中国IT企業による企業買収を制限しようとしている。2018年1月2日，中国のネット通販最大手であるアリババ集団傘下のアント・フィナンシャル社は，アメリカのマネーグラム社の買収を断念すると発表した。アメリカ側が外資による企業買収を安全保障上の観点から審査する対米外国投資委員会（CFIUS）によって待ったをかけたことが理由である。

　待ったをかけたのは，アメリカ国民の資産や送金情報などがマネー

グラム社から流出するのを恐れたためであり，中国における個人情報の保護は十分ではないとみたからである。

　中国側は，CFIUSの審査が透明性を欠くなどとしてアメリカのやり方を批判した。ところがその直後，中国でアントフィナンシャル社のずさんな個人情報管理が露呈した。アリババ社が提供するオンライン決済サービスであるアリペイの利用者が2017年の利用履歴を閲覧すると，ほぼ自動的に「個人情報を第三者に提供する」ことに同意したとみなす仕組みが明るみに出たのである。アントフィナンシャル社はこの件につき謝罪をしシステムを改めたが，中国におけるインターネットの管理・統制に対するアメリカなどの懸念は消えていない。

　アメリカ連邦議会の超党派議員は，2017年11月，CFIUSの機能強化に向けた審査ルール改正のための法案を同議会に提出した。改正の狙いは，遺伝子情報などアメリカ市民・個人の「機微情報」が外国政府や外国企業に渡らないよう厳格に審査する点にある。

　同法案が原案通り成立するならば，アメリカ国民の個人データをもつ企業の買収は厳しく審査されることになる。AIやビッグデータなど先端分野の技術や情報をもつアメリカ企業を外国企業が買収することはより難しくなる。

　アメリカと中国によるデータ資源のいわば"奪い合い"の状況のなかで，アメリカとしては中国企業によるデータを狙った買収阻止に的を絞った法改正をもくろんでいる。

　2018年7月下旬，中国の独占禁止当局が，アメリカの半導体大手クアルコム社によるオランダ車載半導体大手の買収を承認しない"対抗措置"に出た。2008年から制定，施行されている中国独占禁止法の下で，"外国企業同士"のM&Aでも，世界市場および中国市場における合計売上高がそれぞれ一定額を超えるときは，事前に届け出て経営集中審査を受けなくてはならない。これまでも中国当局が，競争政策のためというよりは，産業政策のために同審査権限を行使しているのではないかとみられる案件はあった。

◆ TPP合意とグローバルなデータ流通

　　TPP（Trans Pacific Partnership：「環太平洋経済連携協定」）交渉は，2006年当初はシンガポール，ニュージーランド，チリ，およびブルネイの4ヵ国でスタートした。その後，マレーシア，ベトナム，オーストラリア，ペルーが参加，2009年11月にはアメリカが参加を表明，さらにカナダ，メキシコに加え日本も2013年7月から交渉に参加し「TPP12」となった。

　　12ヵ国によるTPP交渉は難交渉の末，2015年10月大筋合意に達し，2016年後半には発効するとみられたが，2017年1月に発足したアメリカのトランプ政権がTPPからの離脱を表明したため，交渉は"仕切り直し"となり，2017年11月10日ベトナム・ダナンでようやく新協定「TPP11」の大筋合意に至った。

　　同合意は発効に向けて大きな前進をもたらしたが，一方で継続交渉案件として国有企業（マレーシア），石炭産業に関するサービス・投資（ブルネイ），紛争解決（ベトナム），文化例外（カナダ）の4点が挙がった。それらの合意ができ，署名がなされれば，経済規模にかかわらず6ヵ国以上の批准で発効する。

　　TPPは，アメリカが抜けたことで経済効果は"半減"するとみられている。しかも，TPP12に含まれていた合意のうち，ISDS（投資家と国家の紛争解決），知的財産，医薬品データ・著作権の保護，腐敗行為の防止などに関する20の項目が，アメリカが復帰するまで発効しない「凍結項目」とされた。

　　それでもTPP11が発効すれば，アジア太平洋地区の貿易自由化を前進させ，アメリカのTPP復帰を促すとともに，まだ参加していないアジア太平洋地域の国々を取り込む効果を期待できる。加えて，TPPは従前のFTA（自由貿易協定）が実現できなかったサービス・投資分野の自由化を内容に含んでいる。なかでも第14章「電子商取引」中の「データの自由な移動」を求める規定は，これまでどの多国間貿易協定にもなかった特徴的内容である。

　　「データの自由な移動」は「データ・ローカリゼーション（現地化）

要求の禁止」と相俟って意味をもつ。これらの規定には，各国が従わない措置を採用できるとの但し書きがあるが，データ取引自由の大原則を謳うところに意義がある。

電子商取引に関しては，アメリカとEU（欧州連合）の間で考え方にギャップがある。EUは，域内における個人データの保護を目的とし，2018年5月から一般データ保護規則（GDPR）を施行した。

同規則は，かなり厳格なデータの域外持ち出し規制，サーバーの域内設置義務などを定めており，データ取引の原則自由を主張するアメリカとの溝は深い。TPP11が発効すれば，電子商取引分野における保護主義的動きを牽制するために大きな役割を果たすに違いない。

◆ EU・一般データ保護規則の制定・施行のインパクト

2018年5月25日に施行になったEU・GDPRは，EU・基本権憲章（European Union Charter of Fundamental Rights）8条1項が規定する個人データの保護についての権利を具体化したものである。

本規則は，全11章，99ヵ条，前文173項からなる。日本の個人情報保護法と比べ保護の対象が広く，日本にはないデータ保護責任者の配置などの義務規定があり，データ移転により厳しい制限を課し，違反には高額な制裁金を課し得るなどの違いがある（18頁以下参照）。

EUでは，個人情報保護のための法的ルールとして1995年に指令（directive）を発していた。その内容を強化し，2018年5月25日からは規則（regulation）として施行した。

EUは国家のように立法をし裁判も行うが，EU法の立法形式として主要な二つが指令と規則である。両者の違いは，法的ルールとしての名宛人の違いにある。指令の名宛人はEU加盟各国の政府で指令の内容に沿った立法を促すものであるのに対し，規則の名宛人はEU域内外の個人や法人である。

法形式が指令から規則に変わっただけで，法的ルールの違反に対する制裁が直接的に個人や法人に科され得ることになった点は日本企業にとっても影響が大きい。

GDPRの場合，EU加盟国プラス3ヵ国のEEA（欧州経済地域）内に子会社などの事業拠点をもたない日本企業にも域外適用できること，違反には巨額の制裁金を個人・法人に直接科し得ることなど，指令よりも規制内容がはるかに厳しくなっている。

　本書のテーマとの関連では，後述するように，GDPRが「情報管理内部統制」の一環として，データ保護責任者（DPO）の配置と共に「文書化・記録化」を要求する点が重要である。

　「文書化・記録化」に関してGDPRは，一定の場合においてデータ移転取引に使うべき契約書「ひな形」を示している。

　同「ひな形」は，今後，データ取引の標準書式（standard form）になるであろう。GDPRそのものは，データ取引のグローバルルールとして広く定着するようになるとみられる。

◆ GDPRの求める情報管理内部統制と契約実務

　EUがなぜ世界で最も厳しいとされる個人データ保護のための法的ルールを施行したかというと，そこには歴史的な背景を垣間見ることができる。

　欧州では，ベルリンの壁が崩壊した1989年11月より前の旧東ドイツなどで，秘密警察が個人情報を利用して市民を弾圧したという。また，人種についての個人情報に基づいたナチスのユダヤ人迫害の歴史も忘れてはならない。

　GDPRが目的とするのは，とくに個人データが大量にネット流出するなどして個人に被害が及ぶ事態を防止することである。そのためにGDPRは，罰則付きでさまざまな義務を直接，法人や個人の事業者に課している。

　GDPRの法規制は，日本でいえば個人情報保護法に相当する。両者の間には後述（18頁以下参照）するような内容的差異があるのだが，最大の違いは，GDPRが規則やガイドラインによらず直接個人データ保護のための情報管理内部統制を事業者に要求している点にある。

　情報管理内部統制は，いまや事業者が広く構築しなくてはならない

ところの，リスク管理体制と一体となった内部統制の一部である。

「データ大流通時代」にあって，グローバルビジネス最大のリスクは，情報管理内部統制の不備がもたらす。GDPRは，一方でデータ保護責任者（DPO）の設置を義務づけ，他方で内部統制の動的な部分として，Plan→Do→Check→ActionのPDCAサイクルを回すための広範な文書化・記録化を要求する。いずれも，リスク管理と一体となった内部統制の一環といってよい。

IT（Information technology）が発達し，デジタル化した個人データを"売り買い"してビジネスにも活用する動きがさかんになった。"悪用"するつもりで個人データの収集などをしたのではなかったとしても，いったん企業などの安全管理体制に不備があり大量の個人情報がネット流出する事態になると，被害は甚大になりかねない。

個人情報の流出は，"持ち主"である個人（これをGDPRは，data subjectと称する）のプライバシー権侵害になり得る。流出したのが何千万，何億人の個人情報の"集積物"となると，個人への賠償責任は甚大なものになり，企業の経営を危うくするかもしれない。

企業は，何よりも現代企業社会における最大の不祥事となる，ビッグデータのネット流出を防止するための内部統制を整備しなくてはならない。

GDPRは，情報管理内部統制を企業に義務づけ，一方でデータ保護責任者を置くことを求め，他方で個人データに十分な保護措置を講じていない国などが「域外に移転する」場合を中心に，徹底した「文書化」を要求しているのである。

「文書化」は，Plan→Do→Check→ActionのPDCAサイクルを回すために必須とされ，ここに適正な内容の契約書づくりが含まれる。

個人データの域外移転が例外的に認められるのは，移転先の国・地域が個人データの保護措置を十分に整えているとEUが認定した場合である。日本はEUと協議を続けており，2018年秋には正式合意ができる見通しになった。

そのため，EEA域外にある子会社の従業員個人情報を，企業集団

内部統制の履践として日本親会社が集めるような場合には，しかるべき内容の契約書や拘束的企業準則などの文書化をしなくてはならない。

「十分性」の認定を受けるために，日本の個人情報保護法令は今後も改正され得る。今後は，GDPRの示すデータ移転の標準書式に準拠した英文契約実務を目指さなくてはならなくなる。

日本がEUから「十分性」の認定を受けたとしても，適正な契約書づくりを内容とする情報管理内部統制が必要なくなるわけではない。

GDPRの示す契約書のひな形をはじめとする情報管理内部統制の具体的内容が，守るべきグローバルスタンダードとなるからである。

そこで，本書のテーマに照らし以下では，GDPRの要求する文書化のうち，とくにデータ取引のための契約書式に焦点を絞り，その内容を検証する。

◆ GDPRの示す標準契約書式と参考にすべき条項

EU・GDPRは，原則として個人データのEEA外への移転を禁じている。例外的に認められるのはデータに十分な保護措置を講じている第三国への移転，あるいは，EU委員会の要求する，a．拘束的企業準則，b．標準約款，c．行動準則，d．認証，といった「保護措置」を取った上での域外への移転である。

日本は欧州委員会から「十分性」の認定を受けていないので，日本企業は「標準約款」を作成し，これに則った契約実務を行う必要がある。これを怠ると，たとえば，EU域内の子会社に設けた内部通報（ヘルプライン）窓口で入手した個人情報や従業員の人事情報を，企業集団内部統制のハブである日本親会社にデータ移転する行為がGDPR違反になってしまう。

2018年5月のGDPR施行時期に合わせるようにして日・EU当局間の「十分性」の認定に向けた協議が調って，同年秋から「例外適用国」になる予定と報じられた。その後，2018年7月17日には，日本政府とEUは，相互に個人データの移転における枠組みを作ることで最終合意した。

問題は，どういった契約書を作ったらよいかだが，「標準データ保護約款」のGDPRにおける英語は，"standard data protection clauses"である。「標準約款」は，正確には「標準データ保護条項（群）」のことである。日本語の名詞には単数形と複数形の区別がないため1条項のみから成るように読めるが，元の英語は"～clauses"で「…条項群」と訳すほうが当たっている。

　契約（書）は一般に契約条項の集合体なので，「標準条項群」は「標準契約」と同義になる。そのためGDPRの"前身"であるEU指令（Directive）の下で委員会決定（C（2004）5721）された"Standard contractual clauses for the transfer of personal data from the Community to third countries"「個人データの欧州委員会から第三国への移転のための標準契約条項（群）」は，書式のタイトルを"Data transfer agreement"「データ移転契約」としている。

　GDPRのデータ移転契約（DTA）用「ひな形」は，日本企業が今後データ取引のため日本語の国内契約を作成するにあたって，参考にすべき点を多く含んでいる。同「ひな形」の付属書類（Appendix）を除いた本体部分の条項見出しは，下の図表のとおりである。

第1条　Definitions「定義」
第2条　Details of the transfer「移転の詳細」
第3条　Third-party beneficiary clause「第三者である受益者条項」
第4条　Obligations of the data exporter「データ輸出者の義務」
第5条　Obligations of the data importer「データ輸入者の義務」
第6条　Liability「責任」
第7条　Mediation and jurisdiction「調停と裁判管轄」
第8条　Cooperation with supervisory authorities「監督当局との協調」
第9条　Governing law「準拠法」
第10条　Variation of the contract「契約の変更」
第11条　Obligation after the termination of personal data processing services「個人データ処理業務終了後の義務」

この構図に沿って，キーポイントを解説しておく。
　「ひな形」は，「データ」の定義を第1条に規定しており，personal data「個人データ」の定義につきEC指令（Directive 95/46 EC）を引用している。日本では，個人情報保護法2条6号における「個人データ」の定義を引用することが考えられる。ただデータ取引は個人データのみを対象にするとは限らず，産業データ（industrial data）との区別もしっかり書いておくのがよい。
　「移転の詳細」（第2条）は，「ひな形」では，付属書類（Appendix）に譲ることとしている。ポイントは，"transfer"といっても，個人データの場合，個々人の持つ権利を譲り渡すのではなく，使用許諾（license）にすぎないことが多い点にある。
　「仮名化（"pseudonymisation"）」したうえでデータをtaransferするのか否かも明確にしておくべきである。「仮名化」は日本で2017年5月30日に施行になった改正個人情報保護法が導入した「匿名加工」に相当する。「匿名加工情報」の定義（同法2条9号）を引用するなどしてその内容を示しておくのがよい。
　個人データの権利主体には各個人が含まれ，DTA用「ひな形」はこれを"data subject"「データ主体」とする。欧州委員会の「第三国で設立された処理者への個人データの移転のための標準契約条項に関する決定」は，「この標準契約は，契約の当事者である団体のみならずデータ主体によっても強行（援用）されるべきであり，とくにデータ主体が契約違反の結果として損害を被っている場合にはそうである」としている。
　この点に関連して，同「ひな形」第3条が「第三者である受益者」条項を置き，「データ主体」が「データ輸出者」と「データ輸入者」に対し，当該契約の各一定の条項を第三者である受益者として強行（援用）できる（can enforce）とするのは重要である。
　「データ主体」である個人は，GDPRの下でポータビリティー権や個人データ削除（要求）権をもつため，それらの行使を，問題となっているデータ取引契約の当事者に対しどこまで行使できるかが問題に

なる。

　日本法を準拠法とする国内契約においても，これらのいわば"先進的な"内容の権利を個人データの権利者が誰に対して行使できるか，まで書くかどうかの検討が欠かせなくなった。

◆ GDPRと個人情報保護法の比較

　GDPRは世界で最も厳しく個人データの保護を要求する。日本企業に影響が大きいのは，欧州経済領域（EEA）内に所在する個人のデータを域外に移すことを原則禁ずる点である。例外は，データ移転先の国が十分に個人データの保護体制が整っているとEUが認めた場合である。

　日本の個人情報保護法（個人情報の保護に関する法律）は，2017年5月30日施行の改正で，個人データの越境移転も視野に入れた対応をした。GDPR施行の2018年5月時点で，日本はまだEUと協議中で「十分性の認定」を受けていなかったが，2018年7月17日，日欧経済連携協定（EPA）の調印に合わせ，日欧の企業が安全に従業員や顧客の個人データを移転させられる枠組みを作ることで，日本とEU間の合意が成立した。具体的には日本がEUの個人データを日本で保護するための指針を新たにつくることで，「保護が十分な国」として認められることになった。

　これまで同認定を受けたのは，アメリカ（条件付き），カナダ，ニュージーランドなど約10ヵ国である。そこで，改正後の個人情報保護法と比べGDPRがどの点で厳しいのかを検討しておこう。

　第一に，GDPRの場合，規制の対象になる個人情報の範囲がかなり広い。個人の氏名や住所，メールアドレス，ネットの閲覧履歴（クッキー），「位置情報」，顔画像，指紋認証，遺伝子情報を含む。加えて，性的指向や労働組合の情報も入る。

　日本企業は今後，GDPR対応として，まずは規制の対象になる個人情報がグループ内にどれだけあって，それをビジネスにどう使っているかをグローバルな拠点ごとに洗い出す"棚卸し"（データマッピン

グ）する必要がある。

　第二に，企業は"棚卸し"したデータの利用目的を特定し，「データ主体」（本人）の同意を得なくてはならない。

　GDPRは第三者から提供された情報の利用目的を，第三者から取得した際に決められている目的に制限する。これに対し日本の個人情報保護法は，第三者から提供された情報の利用目的について，明確な規定をしていない。

　本人の同意取得についても規定上差異がある。GDPRは，本人の明確な同意を要するとし，同意の成立要件を厳しく規定する。個人情報保護法は，同意の成立要件につき詳しい規定を置いていない。

　第三に，GDPRは「データ主体」（本人）が行使できる権利として，自らの個人データを引き出し他の事業者のもとに移す権利（ポータビリティー権）や，不要な個人データの消去を求める権利（忘れられる権利）を明記する。これに対し，個人情報保護法の場合，これらの権利についての規定をしていない。

　第四に，情報漏えいなどの事故が発生した場合，GDPRは72時間以内の報告義務を規定する。個人情報保護法も当局への報告義務を規定するが，制限時間の規定はない。

　第五に，違反に対する制裁金として，GDPRは最大で世界での年間売上高の4％あるいは2千万ユーロ（約26億円）の高い方を科す。個人情報保護法にはここまで大きい制裁金を科し得る規定はない（次頁図参照）。

◆ 中国のデータ取引規制

　2017年6月，中国はインターネット安全法（正式には，中華人民共和国国家情報法）を施行した。同法は，2015年7月に施行になった中華人民共和国国家安全法の特別法的な内容をもち，国家の安全を守るために中国当局が内外で行うことのできる情報収集活動について規定する。

　同法は，ネット関連の商品やサービスを中国の基準に適合させるべ

個人情報保護法	論点	GDPR
性的指向や労働組合の情報などは含まず	1. 規制対象となる個人データの範囲	いずれも含む
第三者から提供されたデータについて明記していない 本人からの同意の成立条件につき詳しい規定なし	2. 利用目的の特定/本人からの同意取得	第三者提供データの取得時に定められた目的に制限する 同意は明確に得る必要があるとし同意成立の要件も明記する
データ引出権、データ削除要求権につき明文化せず	3. データ主体の権利	これらをプライバシー権として明文化
当局への報告義務はあるが、制限時間につき規定なし 法令違反につき罰金の規定はあるが、巨額に上ることはない	4. 事故・違反の報告義務/制裁金	当局への報告を72時間以内に行うべきと明記する 規則違反に巨額の制裁金を科し得る旨規定する
法律には、データ保護責任者の設置を義務づける規定なし	5. 安全管理体制	データ保護責任者の設置を大企業に義務づける

き旨を規定する一方で、中国で収集したデータの持ち出しを当局の許可制とし、ネットサーバーの中国国内設置などを求めている。

こうした中国の商業データ持ち出し規制を中心としたデータ流通についての保護主義的な動きに対して、日米欧はこぞって反発している。とくに日本の製造業にとっては、グローバルに広がる生産工程とサプライチェーンを通じた製造にかかるデータを、日本で集中管理できるかが大きな課題である。

たとえば、ある自動車部品関連のメーカーの場合、中国の工場で得た製法データを蓄積し、グループの他海外工場で使う構想をもつという。これを実現するためには、中国の「データ規制」は妨げになる。

製造業に限らず、中国の消費者の購買情報などを集め広告・宣伝、

あるいは商品やサービスの開発に使おうと狙う企業にとっても、今後、IoTを通じどれだけ有用なデータを多く集められるかが事業成功の鍵を握る。

　同法施行直後の2017年7月、アメリカのアップル社は中国内陸部の貴州省に総額10億ドルを投じ、同社として中国初のデータセンターを建設すると発表した。

　同法の下では、通信やエネルギー、金融など「重要インフラ」に当たる業種はとくに厳しいデータ管理を求められ、違反すれば業務停止処分も科され得る。サイバー攻撃を受けた事実の当局への届け出が不十分、自社サービスの利用者の利用履歴の保存が不十分といった理由で罰金を科される例がすでに発生している。

◆ 個人情報保護法改正と個人データ流通自由化

　個人情報の保護に関する法律（以下「個人情報保護法」という）は、「個人情報の有用性に配慮しつつ、個人の権利利益を保護することを目的」（1条）として平成15（2003）年5月に制定され、平成17（2005）年4月1日から全面施行になった。

　本法は、大きく基本法部分（第1章「総則」、第2章「国及び地方公共団体の責務等」、および第3章「個人情報の保護に関する施策等」）と一般法部分（第4章「個人情報取扱事業者の義務等」）、第5章「個人情報保護委員会」、第6章「雑則」、および第7章「罰則」）の、全88ヵ条から成っている。

　個人情報保護法の全面施行は、国民の個人情報保護に向けた意識を一気に高める役割を果たした。

　一方で、個人情報保護法は国民の間でいわゆる「過剰反応」問題を引き起こした。とくに、本人の同意を得ない個人データの第三者提供を原則禁じる同法23条の下で、災害時要援護者の名簿や学校の緊急連絡網などの作成が困難になる不都合が生じた。

　そこで、国民生活審議会が平成19（2007）年6月29日、「個人情報保護に関する取りまとめ（意見）」を提出し、個人情報の第三者提供

の原則禁止規定について法改正の必要はないとしたうえで，まず国民への個人情報保護制度の周知徹底を図っていくべきであるとした。

　また，平成23（2011）年7月，内閣府・消費者委員会の個人情報保護専門調査会が報告書を提出し，この問題について，「事業者，行政機関又は地方公共団体等が，個人情報保護法制（条例を含む）では制限されていないにもかかわらず，個人情報等の提供を差し控えるケースについては，本人の権利利益を保護する法の目的と，健全な民主主義社会の存立に不可欠な公益性，公共性の観点から公にすべき情報の流通が両立されるよう，施策の方向性を検討する必要がある」とした。

　この報告を受け，平成27（2015）年3月10日，政府は「個人情報の保護に関する法律及び行政手続における特定の個人を識別するための番号の利用等に関する法律の一部を改正する法律案」を閣議決定して国会に提出し，同法案は同年9月3日に国会で成立した。

　改正個人情報保護法はマイナンバー法の改正を含んでおり，マイナンバー法に規定する特定個人情報保護委員会を個人情報保護法上の第三者機関とするため，マイナンバー法に合わせて同委員会を個人情報保護委員会に改組することとした（この部分は，平成28（2016）年1月1日より施行）。改正法のその他の部分は，平成29（2017）年5月30日に全面施行になった。

　改正法の概要は，以下のとおりである。

(1) 個人情報の定義の明確化

　改正前，「個人情報」は「生存する個人に関する情報であって，当該情報に含まれる氏名，生年月日その他の記述等により特定の個人を識別することができるもの（他の情報と容易に照合することができ，それにより特定の個人を識別することができることとなるものを含む。）をいう」と定義されていた。

　改正後は，この定義に個人識別符号が含まれるものが追加された（改正法2条1項2号）。個人識別符号とは，情報単体から特定の個人を識別できるものとして個人情報の保護に関する法律施行令（平成15

年政令第507号）に定められた文字，番号，記号その他の符号をいう（改正法2条2項）。

(2) 「要配慮個人情報」の定義新設

改正法は，いわゆる機微（センシティブ）情報について新たに定義規定を置くことにした。「要配慮個人情報」とは，「本人の人種，信条，社会的身分，病歴，犯罪の経歴，犯罪により害を被った事実その他本人に対する不当な差別，偏見その他の不利益が生じないようにその取扱いに特に配慮を要するものとして政令で定める記述等が含まれる個人情報をいう」とした（改正法2条3項）。

(3) 第三者提供に係る確認・記録の作成義務規定新設

個人情報取扱事業者は，流通する個人情報のトレーサビリティを確保するために，以下の義務を新たに負うこととなった。

① 第三者からの個人データの提供にかかる記録の保存
　第三者から個人データを受けるときは，個人データを取得した経緯等を確認し，提供を受けた年月日，当該確認に係る事項等の記録を作成し，一定の期間保存しなければならない（改正法26条）。
② 第三者からの個人データの提供にかかる記録の保存
　個人データの第三者提供をしたときは，提供した年月日，提供先の氏名等の記録を作成し，一定の期間保存しなければならない（改正法25条）。

(4) 個人情報保護委員会の新設

個人情報および匿名加工情報の取扱いに関する監督等の事務をつかさどる内閣府の外局たる機関として，個人情報保護委員会が設置された。

(5) 匿名加工情報に関する規定の整備

「匿名加工情報」とは，特定の個人を識別することができないよう

に個人情報を加工して得られる個人に関する情報であって，当該個人情報を復元することができないようにしたものをいう（改正法2条9項）。

　改正法は匿名加工情報のデータベースを事業用に提供している事業者を「匿名加工情報取扱事業者」として，新たな規律の下に置いた（改正法36条～39条）。

(6)　オプトアウト制度の見直し

　個人情報保護法23条2項に定めるオプトアウト制度につき，個人情報保護委員会の関与を求める改正をした（改正法23条4項）。

(7)　開示等請求権の明確化

　個人情報の本人が個人情報取扱事業者に対して開示，訂正等および利用停止等の請求を行う権利を有することが規定された（改正法28条1項・29条1項・30条1項）。

(8)　小規模事業者の適用除外の削除

　従来は，個人情報取扱事業者のなかで小規模事業者の特例が定められ，過去6ヵ月以内のいずれにおいても5,000以下の特定の個人を識別する情報を保有しているにすぎない事業者を適用除外としてきたが（個人情報保護施行令2条），この規定が削除された。

(9)　個人データの外国にある第三者への提供の制限

　個人情報取扱事業者が個人データを外国にある第三者に提供する場合には，所定の要件を満たさなければならず，かつ，あらかじめ本人からの同意を得なければならないとした（改正法24条）。

(10)　刑事罰の拡充

　個人情報データベース等を取り扱う事務に従事する者または従事していた者が，取り扱った個人情報データベース等を不正な利益を得る

目的で提供し、または盗用すると、1年以下の懲役または50万円以下の罰金に処せられる（改正法83条）。

(11) 域外適用

日本国内にある者に対する物品または役務の提供に関連して、その者を本人とする個人情報を取得した個人情報取扱事業者が、外国において当該個人情報またはこれを用いて作成した匿名加工情報を取り扱う場合にも、個人情報保護法が適用されることになった（改正法75条）。

◆ 改正による「第三者提供の厳格化」とクラウドサービス

平成27（2015）年個人情報保護法改正は、「オプトアウトによる第三者提供の厳格化」の改正を含んでいることから、海外のクラウドサービスを受ける契約の内容次第では、「本人の同意」が必要になる可能性がある。

個人情報保護法は、個人データを第三者に提供する場合には、本人の同意取得を原則としている。この原則の例外として、個人データについて本人の求めに応じて第三者への提供を停止することにして、一定の事項につきあらかじめ本人に通知し、または本人が容易に知り得る状態に置いているときは、本人の同意なしに個人データを第三者に提供することができるとする（オプトアウト手続）。

改正はオプトアウト手続に関し、新たに第三者提供の停止に関する求めを受け付ける方法を本人に通知し、または本人が容易に知り得る状態に置くとともに、個人情報保護委員会に対して事前に届け出ることを必要とした。

さらに今回の改正は、個人情報取り扱いのグローバル化対応のため、外国にある第三者に個人データを提供する場合の要件につき特則を設け、原則として本人の同意取得を求めた。

同意の取り方は、外国にある第三者への提供がある旨を伝え本人の同意を得れば済むかといえばそうではない。個人情報保護委員会が公表している「個人データの漏えい等の事案が発生した場合等の対応に

ついて」のQ&Aによれば,「事業の性質及び個人データの取扱状況に応じ,当該本人が当該同意に係る判断を行うために必要と考えられる適切かつ合理的な方法によらなれければなりません」(同「Q9-2」)とする。

同Q&Aは具体的に以下のような方法を列挙している。

> ① 提供先の国又は地域名(例:米国,EU加盟国)を個別に示す方法
> ② 実質的に本人からみて提供先の国名等を特定できる方法(例:本人がサービスを受ける際に実質的に本人自身が個人データの提供先が所在する国等を決めている場合)
> ③ 国名等を特定する代わりに外国の第三者に提供する場面を具体的に特定する方法

それでは,海外企業のクラウドサービスを利用する場合はどうなるであろうか。答えからいうと,この場合必ずしも上記のような方法で本人の同意を得る必要はない。

なぜならば,外国の企業であっても「個人情報取扱事業者」になるときは「外国にある第三者」にはならないからである。また,クラウドサービスを受けるための委託契約の内容として,個人データ提供先の事業者が個人データを取り扱わないことになっているときは,外国にある第三者への提供には該当しないからである(同「Q-5」)。

2 「データ資本主義」社会の"主権者"とデータ利用権限

◆ 個人データの流れの変化—B to CからC to Bへ

いまや「データ資本主義」なる言葉まで生まれ、データを制するものが現代の経済社会を制する時代になった。

民主主義社会の主権者は、国民、地域住民あるいは一般市民である。データ資本主義社会の主権者はだれかといえば、データをもちこれを管理できる一人ひとりの個人といってもよい。

これまで取引社会にあっては、B to B (business to business) とB to C (business to consumer) の区分が法的に大きな意味をもってきた。法律関係が企業対企業で生じるか企業対消費者で生じるかの違いで、契約・約款に用いる条項の解釈を変えたりしてきたのである。

ただ、B to B、B to Cの区分は、そもそもが企業を中心に捉えた発想に基づく。データ大量流通社会における"主役"は、消費者（C）になるべきである。情報・データは消費者により管理され、B to CではなくC to Bで消費者側の主導で流れていくようになった。

「第4次産業革命」が進展するなかで、ネット広告によるデータマーケティングが最もデータの活用余地が大きい分野と考えられる。本書では61頁以下において、デジタル広告分野を取り上げている。

なぜ広告分野でデータ取引の果たす役割が大きいかといえば、IoTなどで集めた個人データを活用し、商品やサービスがどこのだれによって消費されるかを予測し、的を絞った広告を可能にしてくれるからである。したがって、広告分野で価値あるデータをもつのは消費者といえるだろう。

しかしながら、データ取引は消費者のもつデータだけを対象にするわけではない。「消費者」より広く、一人ひとりの「個人」がもつ

データをも対象にする。それらのデータをヘルスケアの分野などで活用することにも関心が高まっている。

消費者を対象とするデータ取引をみても"主権者"は消費者であり，B to CからC to Bと主役を交替させる発想の転換が求められる。

◆ 個人データの「持ち運び権」

一部の企業に大量の個人データが蓄積すると，データの一極集中が生じ独占の弊害が生じかねない。データの一極集中は利用者の囲い込みをもたらし，新規参入や企業間の連携を難しくするからである。

そのためEU（欧州連合）は，データをいつでも引き出し，より便利な他のサービスに移せる「データポータビリティー権」を含むデータ流通のための新ルール（GDPR）を2018年5月から施行することにした。

EUは，域内のデータ市場規模が2020年には，日本円換算でおよそ100兆円に達するとの試算を立てているともされる。ところが，この巨大なデータ市場を"支配"するプラットフォーマーと呼ばれる巨大企業は，アメリカや中国の企業が占めている。EUがポータビリティー権を提唱するに至った背景には，「個人データの独占」に対抗する狙いがある。

データポータビリティー権については，日本でも「持ち運び権」として導入する検討が始まった。経済産業省と総務省が設置した有識者検討会は，クラウドなどに蓄積されるデータを別のサービスにいわば持ち運べる権利の骨格について，2020年に予定される次の個人情報保護法改正の議論に反映させたいとしている。

「持ち運び」で想定されるのは，主としてアメリカのプラットフォーマーが提供するメールのデータのほか，電話の通話履歴，写真などである。こうしたデータにつき個人が求めれば一括して表データなどで引き出せる枠組みの検討が始まった。

ただ，「データポータビリティー」権を「持ち運び」権と訳すのは正確さを欠く。

たしかに「データポータビリティー」は，「AI・IoT時代」に生まれた合成語のようだが，portability自体は，「携帯できること，軽便さ」を表す一般的な英語である。
　portabilityの元になっているportableには，「携帯可能な」の意味のほか，「コンピュータープログラムなどが異なるシステム間で移動可能な」という意味がコンピューター社会の進展のなかで生まれた。したがって，data portabilityは，データ（の入ったディスクなど）を物理的に「携帯する」ではなく，「システム間でデータを移行できる」の意味で使う。
　さらにportには，ラテン語で「港」を表す*portur*から生まれた「（コンピューター）プログラムの移行」といった意味がある。
　IT用語としてデータポータビリティーを使うときは，データを「携帯あるいは，持ち運びできる」という意味よりは「データを移行できる」の意味で使うのは，portの語源に当たるのがラテン語の*porto*だからである。
　ただ近時は，「携帯する」に近い個人データの「持ち運び権」とする特定の意味でデータポータビリティーを使うようになった。きっかけは，EU・GDPRである。同規則は，名称を"REGULATION OF THE EUROPIAN PARLIAMENT AND OF THE COUNCIL on the protection of natural persons with regard to processing of personal data and on the free movement of such data, and repealing Directive 95/46/EC（General Data Protection Regulation）"という。
　訳すと「個人データの取扱いに関する自然人の保護及び同データの自由な移転に関する欧州会議と欧州理事会の規則」である。上記名称中のmovementは「移動」または「移転」の意味であり，portと置き換えられる。
　同規則は，全11章，99ヵ条から成る。その「第3章　データ主体の権利」（Chapter Ⅲ Rights of the Data Subject），第2節 情報と個人データへのアクセス（Section 2 Information and Access to Personal Data），第13条　データ主体から個人データを収集する場合に提供さ

れるべき情報（Article 13 Information to be provided where personal data and collected from the data subject）の第2項（b）は，データ主体に提供すべき追加的情報として，個人データへのアクセス権などとともに，データポータビリティー権（right to the portability）があること（existence）を掲げる。

このようにright to data portabilityは，正式な法律英語として認められるに至ったといえる。したがって，これを「持ち運び権」とするのはやめたほうがよい。たしかにportabilityには「携帯可能性」の意味があるので外れてはいないが，誤解されかねない。

むしろ，個人データを権利者がいつでも引き出し，他のサービスなどに移すことのできる権利と正確に説明すべきである。訳すのは難しいので，ポータビリティー権のままでよいのではないだろうか。

◆ 個人データコントロール権との関係

私たちは，乳幼児は別としても，すべて「消費者」として日常生活を送っている。巨大メーカーの経営者であろうと，衣食住のすべてを自給自足でまかなうことなど到底できない。人里離れた山奥で仙人のような暮らしをしていたとしても，生きていくために何らかの生活物資の消費を強いられる。

今，IoTやAIをフルに活用する「データ大流通時代」にあって最も注目されるのが，消費者一人ひとりがもつ個人データである。

IoTは，Internet of Thingsの略称である。直訳すれば「物のインターネット」で，これだけだと分かりにくいが，私たちの周辺にある家電製品，自動車などあらゆるモノをインターネットでつなぐとの発想に基づく。

何のためにモノをインターネットでつなぐのかといえば，モノがどのように使われているかの「使いかた」情報を入手するためである。

たとえば，どの家庭にもある冷蔵庫を例に考えてみよう。近い将来，インターネットでつながり「IoT家電」の一つとなった冷蔵庫が，中に何が入っているかを把握し，インターネットを介して買い物リスト

を作成してスマートフォンに送付するようになるとみられる。

そうなると，牛乳のストックが少なくなってきたのでそろそろ買い足さなければと考えているところに，「牛乳が少なくなっていますが，ちょうど明日，近くの○○スーパーで△△ブランドの牛乳が安く売られます」とのメッセージが，スマートフォンに届いたりする。

絶好のタイミングで耳よりの情報を教えてくれたと喜ぶ人は少なくないであろう。その一方で，なぜウチの冷蔵庫の牛乳ストックが底をつきかけているとの情報が外部に"漏れた"のかと"素朴な"疑問を感じる人もいるはずだ。

それだけでなく，1日当たりどのくらいの量，何ブランドの牛乳を飲むのかといった情報は個人情報なので，他人に知られたくないと考える人もいるはずである。

似たような話は，実は，IoTが普及しはじめるよりずっと前からある。小さな子供のいる家庭には，子供が小学校に入学する半年位前に，ランドセルを売り込む宣伝のダイレクトメールが届いたりしていたからである。

「なぜウチに満6歳になる子供がいるのが分かったのだろうか。個人情報の載った名簿などがまとめて業者に売られたりはしていないか」と不快に，場合によっては薄気味悪く感じる人もいただろう。

日本では，平成15（2003）年5月に個人情報保護法が制定され，平成17（2005）年4月1日から施行になっている。同法制定の大きな原因になったのは，こうした個人情報の"乱用"事例であった。

同法は，OECD（経済協力開発機構）制定のプライバシーガイドラインも示している，すべての人がプライバシー権をもつという「自己情報コントロール権」の考え方に基づいており，この考え方は法制定に影響を与えた。

IoTとAIをフル活用しながら集めた消費者の情報をビッグデータとして商品やサービスの広告，宣伝に使う動きが盛んになり，データを売買する人もいる。

ただ，そうしたビッグデータはいわば個人情報の集積物なので，プ

ライバシー権の対象として私たちのコントロールに委ねなくてはならない。そこで，データの利用権限を知的財産権として獲得し，ビジネスのために活用しようとする考え方と個人情報のコントロール権がときに衝突し合うため，この間の調整が必要になる。

　平成29（2017）年5月30日，個人情報保護法が12年ぶりに改正，施行になったが，この改正内容にデータ利用権とプライバシー権の調整の方策が含まれているといってもよい。それは，「匿名加工情報」の導入である。

　そもそもこの法改正は，ビッグデータ時代の情報活用を後押しするために行われた。なかでも，「匿名加工情報」は個人が識別されないよう情報に十分な匿名化を施せば，本人の同意なくデータを第三者に譲渡できることとした（本書24頁参照）。

　たとえば新宿区に住む30代男性のAさんが毎週末必ず近くのスーパーでワインを購入するとの情報も，新宿区在住の30代男性が…というだけなら，Aさん個人との結びつきは絶たれ，匿名化されたといえるであろう。

　しかし，たとえば，めずらしいワインを購入するとの情報を加えて，知人や友人だったらAさんのことだとすぐ分かるようであれば，改正法の導入した「個人識別符号」となり，本人の同意なく譲渡できなくなる。

　実務上は，どこまで加工すれば「匿名加工情報」になるのかの見極めが大切なポイントになる。

　個人情報保護委員会は，2017年2月27日付で指針「パーソナルデータの利活用促進と信頼性確保の両立に向けて」を公表し，「匿名加工情報作成のための参考情報」の項中で，「代表的な加工手法」を図表化して具体的に例示しているが，いぜんとして正確な見極めは難しい。

◆ **データの利用権限と知的財産権**

　データ取引契約書を作成するにあたっても，データの権利関係を明確にしておく必要がある。とくにデータという眼に見えない"資産"

に対する権利が誰に帰属するかを定めるのはそう簡単ではない。

　データ取引契約のなかには売買契約の形をとるものがあるが，売買対象のデータは無体物であって所有権の対象ではない。特許（権）や商標（権）のように，権利者として登録した当事者が排他的に独占できる対象でもない。ただ，データの中身によっては著作権の対象になったり，不正競争防止法の下で保護される営業秘密に当たり得る。

　いわゆるデジタルコンテンツを含むまとまったデータを流通させるには，一般にノンパッケージ型流通（ネットや衛星通信を利用した無体的な流通をさす）のための情報提供契約書およびパッケージ型流通（CD-ROM，DVDなど有体の媒体による流通をさす）のための商品取引基本契約書が必要になる。

　ただ，データ取引契約の場合，どのようなタイプの契約になるにせよ契約の対象が無体的で，いってみればつかみどころがない点に特徴がある。

　そのため，データ取引契約に共通して検討課題になるのが，契約対象となる「データ」および「利用権限」の内容である。

　経済産業省のIoT推進コンソーシアムが，平成29（2017）年5月に発表した「データの利用権限に関する契約ガイドライン」には，次のような用語の説明がある。

「データ」
　利用権限を定めるべき「データ」とは，契約に係る取引に関連し，当事者双方が関わって創出等されるデータを対象とする。対象のデータとしては，パーソナルデータを含まない所謂産業データ（特に，生データ）を想定するが，それ以外のデータ（例えば，パーソナルデータのほか，ノウハウが含まれるデータや加工済みデータ）を対象から排除するものではない。

「利用権限」
　「利用権限」とは，当事者の合意に基づく利用権限であり，その具体的な内容は当事者が合意して決める。特段の合意がないときは，データを利用，管理，開示，譲渡（利用許諾を含む。）又は処分することのほか，データに

> 係る一切の権限をいうと解し得る。なお，当事者以外の第三者から利用許諾を受けたデータに関する「利用権限」は，本契約ガイドラインにいう利用権限としては想定していない。

　本書第2部には，データ取引契約の類型ごとの書式を収めてあるが，上記は，そのいずれにおいても共通して使うことのできる定義的内容である。

◆ AIによる「機械学習」と知的財産権侵害

　データの利活用上，最も大きな検討課題になるのが，大量のデータを集めAIプログラムに「機械学習」させる行為がデータの著作権を侵害しないかどうかの問題である。

　「機械学習」は大量のデータをコンピューターに学習させ，人間の脳と同じような働きで音声や画像を認識し，あるいは最適な判断を下せるようにする技術をいう。

　たとえば，AIプログラムに作曲させるため大量の音楽データを読み込ませるとする。これらの音楽は曲ごとに作曲をした人の著作権の対象なので，無断で音楽を"利用"するならば著作権侵害になってしまう。

　AIは「機械学習」の過程で著作物の「複製」を行うからである。「複製」というと，そっくりそのままに近いものやデータを作ることをつい思い浮かべがちであるが，著作権法の「複製」は少し広く，よく似た別の作品を作ることも含む。

　さらに，コンピューターやサーバーに一時的に著作物を蓄積させる行為が「複製」に当たるかどうかについては，従前から議論があった。

　大量のデータが蓄積され利用される現代にあって，「機械学習」のためのデータ活用がことごとく著作権侵害になるとしたら，デジタルネット社会の進歩を阻害しかねない。

　そこで著作権行使を制限する例外として，平成21（2009）年改正で著作権法47条の7が規定された。同条は，情報解析のための複製等に

つき,「必要と認められる限度において,記録媒体への記録又は翻案」を行うことができるとする。

　同条が改正で権利制限規定として加わったため,AIの「機械学習」のためのさまざまな複製などが営利であるか非営利であるかを問わず,著作権侵害にならないこととなったのは大きい。

3 データ流通と契約

◆「データ売買市場」の創設

(1) スムーズなデータ流通の環境づくり

2017年5月，日本企業100社がIoTで蓄積したデータを売買できる流通市場を2020年にもスタートさせる計画が報じられた。

計画実現に向け，2017年11月には一般社団法人「データ流通推進協議会」が設立され活動を始めた。同協議会は，センサーが生み出すデータ，個人や組織の活動に伴い生じるデータ，官庁などが集計した統計データがスムーズに流通する環境を整備することを目的としている。

そのため，データ形式などの技術基準，データの売買や保管に関わる事業者の認定基準などを決める。これらの基準は立法や政策に反映させることがあるので，同協議会には設立前から中央官庁のオブザーバーが携わってきた。

(2)「協議会」の「設立趣旨」

データ流通推進協議会は，その「設立の背景と目的」および「設立趣旨」を以下のように説明している。

「本協議会は，内閣官房情報通信技術（IT）総合戦略室，総務省，経済産業省におけるワーキンググループの検討を踏まえ，2017年6月より設立に向けた検討を進めてきたものです。本協議会は，データ提供者が安心して，かつスムーズにデータを提供でき，またデータ利用者が欲するデータを容易に判断して収集・活用できる技術的・制度的環境を整備すること等を目的として，技術基準委員会，運用基準委員会，データ利活用委員会等を設置し，以下に掲げる活動を行います。

• データ取引市場等のデータ流通事業は，社会基盤として中立性，透

明性，公平性が求められる。
- データ利用者・提供者にとって安心・安全なデータ流通の実現のため，データ流通事業者に対するガバナンス，遵法性の観点から，自主的なルール及び一定の要件を満たす者を認定・公表し，社会的に認知する仕組みを整備することで，遵守体制を確保する必要がある。
- データ流通，データ主導社会の発展のためには，データ流通事業者間の相互連携によるサービス提供，データフォーマット等の整備を図っていく必要がある。
- データ提供者が安心して，かつスムーズにデータを提供でき，またデータ利用者が欲するデータを容易に判断して収集・活用できる技術的・制度的環境を整備することで，データ利活用を促進する。
- データ流通事業の健全な成長のために，データ流通事業者及びその関連事業者による連携を推進し，適切な運営確保に取り組むために，データ流通推進協議会を設立するものである。」

こうした目的に沿って今後つくられる"公的な"基準を，データ取引のための契約にどう反映させ生かしていけるかを探るのが，本書の目的でもある。

◆ データ取引契約の特徴
(1) データ取引契約の意義
　法律的に分類すると，データ取引契約の多くは，売買契約であることもあれば，ライセンス契約や業務委託契約を使うこともある。本書では，第2部，第3部の契約実例を含めて，データを収集し，分析，処理をして活用する一連の流れのなかで必要となる契約の内容を考えてみる。

(2) データ取引契約の当事者による分類と形態

　データ取引契約は，B to B（企業対企業）とB to C（企業対消費者）のいずれかに大別できる。企業間の契約といってもどのような業種のどういった企業が当事者であるかによって内容が大きく変わる。

　データ取引チェーンの中心に位置するのが，プラットフォーマーと呼ばれる巨大IT企業である（68頁参照）。とりわけ大手のプラットフォーマーが当事者となる契約においては，その契約交渉力（bargaining power）の強さから独占禁止法上の問題を生じさせたり，消費者契約規制上の問題を生じさせたりすることがある。また，情報流出についてのプラットフォーマーなどの法的責任が問題とされたケースもある（70頁以下参照）。

　データ取引の契約形態は，当事者同士が交渉のうえで合意をする相対取引の場合と，データ提供者が作成し提示した契約条件にデータ受領者側で同意することによって契約を成立させる約款取引に大別できる。

　不特定多数に近い消費者を相手とするB to Cのデータサービス利用規約などには約款取引が多い。

◆ AI・データ契約ガイドラインの公表

　2018年6月15日，経済産業省は「AI・データの利用に関する契約ガイドライン」を策定して公表した。同ガイドラインは，「AI編」と「データ編」に分かれている。

　いわゆるデータ契約，すなわち「データの利用，加工，譲渡その他取扱いに関する契約」につき，経済産業省は，「データに関する取引の推進を目的とした契約ガイドライン」（2015年10月）および「データの利用権限に関する契約ガイドライン ver1.0」（2017年5月）をすでに公表していた。

　2018年公表のガイドライン「データ編」は，これら従来のガイドライン2本を拡充するとともに一本化している。その目的は，以下にあるとしている。

「契約段階ではその価値がはっきりしないことが多いデータの流通や利用を対象とする契約について，各契約当事者の立場を検討し，一般的に契約で定めておくべき事項を改めて類型別に整理したうえで列挙するとともに，その契約条項例や条項作成時の考慮要素を提示。これにより，契約締結の際の取引費用を削減し，データ契約の普及・データの有効活用の促進を目的とする。」

また，その「四つの基本的視点」が，以下のようにまとめられている。

- データ流通・利活用の重要性と課題
- 契約の高度化
- イノベーションの促進
- 国際協調

◆ ガイドライン「データ編」の想定する契約類型

　ガイドライン「データ編」は，データ契約として「データ提供型」「データ創出型」および「データ共用型」の3類型を設定する。

　経済産業省は，ガイドライン「データ編」の公表（2018年6月15日）に際してその内容をまとめた資料を開示したが，同資料は「データ編の概要」を1頁に収め，図を使いながら「契約類型を3つに整理し，それぞれ，構造・法的性質，課題，法的論点，適切な取決め方法，モデル契約書案等を整理」として，3類型のそれぞれにつき次のように説明している。

「データ提供型」契約

・データ提供者から他方当事者に対してデータを提供する際に、他方当事者のデータ利用権限等を取り決める契約(対象データをデータ提供者のみが保持しているという事実状態が明確である場合)

「データ創出型」契約

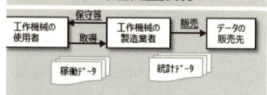

・複数当事者が関与することによりデータが新たに創出される場面において、データ創出に関与した当事者間で、当該データの利用権限を取り決める契約

「データ共用型」契約

・プラットフォームを利用したデータの共用を目的とする類型の契約

(1) 「データ提供型」契約

　「データ編」は「データ提供型」契約をさらに「データの譲渡」「データのライセンス（利用許諾）」および「データの共同利用（相互利用許諾）」の3類型に分け，契約内容を検討するうえでのポイントを示している。その3類型をまとめたのが下図である。

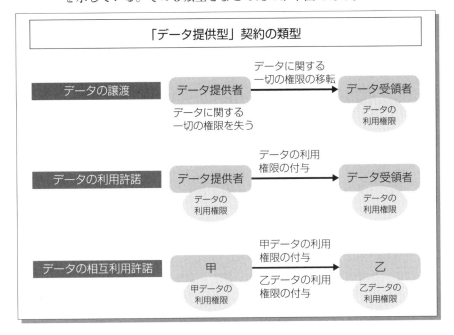

(2) 「データ創出型」契約

　「データ創出型」契約の対象には，「たとえば，センサ等によって検知されるいわゆる生データが含まれるほか，そのようなデータを加工・分析することによって得られる派生データも含まれる。」とする。

　契約形態としては，事業者間（B to B）での相対取引のほか，「一般消費者を当事者とする事例等では，利用規約や約款による場合もあり得る。」とする。

　また，このタイプの契約には，以下のような「法的論点等」があるとしている。

- 派生データ等の利用権限の有無

- 提供データの品質問題
- 提供データに起因する損害の負担
- 提供データの目的外利用
- クロス・ボーダー取引における留意点
- 個人情報等を含む場合の留意点 等
- データ流通阻害原因とその対処法

「データ創出型」には，契約締結にあたって，次のような三つの課題があるとする。

① データの利用権限の調整ルールが明確ではないこと
② 創出されたデータの利用方法が明確ではない場合が多いこと
③ 個人情報やプライバシー権に対する配慮を要すること

また，「データ創出型」契約には列挙するならば，以下のような法的論点があるとしている。

- 当事者間で設定すべき利用条件
- 対象データの範囲・粒度
- 分析・加工および派生データの利用権限
- 保証／非保証，収益分配，コスト・損失負担
- 管理方法，セキュリティ等との関係
- 消費者との契約の場合の留意点 等

(3) 「データ共用型」契約

「データ共用型」契約は，「プラットフォーム型」とも呼ばれる。第四次産業革命が進行するなかで，日本が同革命を「勝ち残る戦略として」プラットフォームを創出・発展させていく必要があるといわれ，この契約類型がより重視されるようになった。

「データ共用型」の場合，当事者間の法律関係は複雑化しており，ガイドライン「データ編」はその基本構造を下図で説明している。

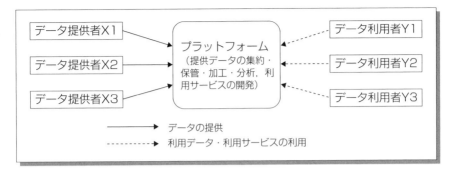

契約内容としては、とりわけ「データのフロー・利用の仕組みの分析」が、「データ提供／収集、データの保管・加工・分析、データの共用・活用」に関連して重要になる。

◆ データ取引契約と独占禁止法

(1) IoT, AIの利活用と独占禁止法

IoTやAIの利活用が盛んになり、大量のデータが活発にやり取りされている。これに伴って従来なかった法律問題が生じた。対応する法改正も随時行われている。

とくに独占禁止法（私的独占の禁止及び公正取引の確保に関する法律）については、公正取引委員会や経済産業省が中心になって、IoT, AIやビッグデータビジネスに関連した競争政策の在り方について検討を加えてきた。

2018年に入って、巨大プラットフォーマーによってデータが集中的に扱われることの弊害が目立つ一方で、大量の個人データが流出する事件も起こり、独占禁止法によるデータ取引の規制が求められている。

とくにEUは、アメリカのIT大手企業を独占禁止法違反で摘発する姿勢を強めてきた。2018年7月18には、欧州委員会が、アメリカ・アルファベット社傘下のグーグルに43億4,000万ユーロ（約5,700億円）の制裁金を払うよう命じた。自社の基本ソフトを使う携帯端末に、自社の検索・閲覧ソフトの「抱き合わせ」搭載を求めるなどして、EUの独禁法に違反したとの判断に基づく。

以下においては，データ取引契約のどういった内容が独占禁止法上の規制の対象になるかを考える。

(2) 独占禁止法上問題となる契約条項

データ取引契約にはさまざまなものがあるが，取得・収集したデータを何らかのやり方で他事業者に提供して利用させる類型の契約がほとんどである。

たとえば，事業者がある新商品の開発を他事業者に委託するに際して，類似の既存商品の消費状況に関するデータを取得，提供して開発に活用する契約をするとしよう。

取得するデータに個人情報が入り，しかもそのなかに「要配慮個人情報」が含まれる場合には，取得前の段階で本人の同意が必要となる。そのため，利用目的の明記とともに個人情報保護法の規定に従ったことを後に証明できるような契約書づくりを心がけなくてはならない。

とくに，収集した個人情報を「匿名加工情報」として利用するのであれば，その加工者あるいは匿名加工情報取扱事業者として負う義務や行使できる権限を整理し，必要に応じて契約書に反映させるべきである。

このように，新商品開発のための業務委託契約書には，開発のためのデータを取得し利用するためのルールを書くことになるが，この関連で独占禁止法の規制が問題となる。

独占禁止法は，自己の取引上の地位が相手方に優越していることを利用して，正常な商習慣に照らして不当に同法2条9項5号の掲げる行為（継続的取引の相手方に対し当該取引に係る商品・役務以外の商品・役務を購入させること，継続的取引の相手方に対して，自己のために金銭，役務その他の経済上の利益を提供させること，および取引の相手方から取引にかかる商品の受領を拒み，受領した商品を相手方に引き取らせ，取引対価の支払を遅らせ，もしくはその額を減じその他相手方に不利益になるように取引条件を設定，変更し，または取引を実施すること）を禁じている（同法19条）。

データ取引においては，この優越的地位の濫用があったとみられることがあるので，契約書作成にあたっては注意を要する。

最も問題とされるのは，データの取得と活用の条件を一方的に変更する場合である。

ほかに，商品・役務の販売の場面では，再販売価格の拘束，抱き合わせ販売，不当廉売，取引拒絶などの不公正な取引方法に属する行為が問題になる。

◆ データ取引契約の"ひな形"と検討項目

(1) ガイドライン「データ編」の示す検討項目チェックリスト

経済産業省の公表したガイドライン「データ編」は，データ取引における3つの契約類型（データ提供型，データ創出型，およびデータ共用型）につき，前2類型に関しては各「モデル契約書案」を示し，契約で定める内容として検討しておくべき項目につき解説を加えている。

以下においては，データ提供型を例に同「データ編」が掲げる契約内容の検討項目一覧（チェックリスト）を，参考までにそのまま転記する（注．略）。

---

(1) データ等の定義
　　□提供データの定義
　　□派生データの定義
　　□契約の目的
(2) 提供データの内容・提供方法
　① 提供データの内容
　　□提供データの対象（提供データの概要）
　　□提供データの項目
　　□提供データの量
　　□提供データの粒度
　　□提供データの更新頻度
　② 提供データの提供方法

□提供データの提供形式（紙／電子ファイル，電子ファイルのときのファイル形式）
　　　□提供データの提供手段（電子メールで送付，サーバからのダウンロード，サーバへのアクセス権の付与，記録媒体にデータを記録させて返送）
　　　□提供データの提供頻度
　　　□提供データの提供方法（提供形式，提供手段，提供頻度）の変更方法
 (3) 提供データの利用許諾等
　　　□データ提供型契約の類型（利用許諾，譲渡，共同利用）
　　　□提供データの第三者提供等の禁止
　　　□提供データの目的外利用の禁止
　　　□提供データの本目的以外の目的での加工，分析，編集，統合等の禁止
　　　□提供データに関する知的財産権の帰属
　　　□提供データの利用許諾の場合，独占／非独占
 (4) 対価・支払条件
　　　□提供データの対価の金額あるいはその算定方法
　　　□提供データの対価の支払方法
 (5) 提供データの非保証
　　　□提供データに関する第三者の権利の非侵害の保証／非保証
　　　□提供データの正確性・完全性についての保証／非保証
　　　□提供データの安全性（提供データがウイルスに感染していないか）についての保証／非保証
　　　□提供データの有効性，本目的への適合性についての保証／非保証
　　　□提供データに関する第三者の知的財産権の非侵害の保証／非保証
 (6) 責任の制限等
　　　□データ受領者に提供データの開示，内容の訂正，追加等の権限を与えない
　　　□提供データに関連して生じた第三者との紛争の対応責任（契約に違反しない態様での利用の場合／契約に違反した態様での利用の場合）
　　　□データ提供者が賠償責任を負う場合の上限額
 (7) 利用状況
　　　□データ受領者が契約に従った提供データの利用をしているか否かの報告
　　　□データ受領者が契約に従って提供データの利用をしているか否かについてのデータ提供者の監査
　　　□監査の結果，提供データが契約に従った利用がなされていないことが発

　　　　覚したときの追加の対価等の支払い
　(8)　提供データの管理
　　　　□提供データと他の情報との区分管理
　　　　□データ受領者のデータ管理に関する善管注意義務
　　　　□提供データの管理状況についての報告要求，是正要求
　(9)　損害軽減義務
　　　　□資格データ受領者が提供データの漏えい等が発覚した際の通知義務
　　　　□データ漏えい等が生じた場合のデータ受領者の再発防止策等の検討および報告義務
　(10)　秘密保持義務
　　　　□秘密情報の定義
　　　　□秘密保持義務の内容とその例外
　　　　□秘密保持義務が契約終了後も存続すること，およびその存続期間
　(11)　派生データ等の取扱い
　　　　□派生データの利用権限の有無
　　　　□提供データのデータ受領者の利用に基づいて生じた知的財産権の帰属
　　　　□提供データのデータ受領者の利用に基づいて生じた知的財産権の，データ提供者の利用権限
　　　　□派生データのデータ受領者の利用に基づいて生じた知的財産権を利用して得られた利益の分配
　(12)　有効期間
　　　　□契約の有効期間
　　　　□契約の自動更新
　(13)　不可抗力免責
　　　　□（一般的な不可抗力免責事由に加えて）停電，通信設備の事故，クラウドサービス等の外部サービスの提供停止または緊急メンテナンスも不可抗力事由とするか否か
　(14)　解除
　　　　□（一般的な契約解除条項で足りる）
　(15)　契約終了後の措置
　　　　□契約終了後の提供データの廃棄・消去
　　　　□提供データの廃棄・消去証明書の提出
　(16)　反社会的勢力の排除
　　　（一般的な反社会的勢力排除条項で足りる。たとえば，警察庁が示した暴力団

排除条項モデル等）
(17)　残存条項
　　　□契約終了後も存続させるべき条項について過不足はないか
(18)　権利義務の譲渡禁止
　　（一般的な権利義務の譲渡禁止条項で足りる）
(19)　完全条項
　　（一般的な完全合意条項で足りる）
(20)　準拠法
　　　□準拠法としてどの国，州等の法律を選択するか
(21)　紛争解決
　　　□合意管轄として，裁判/仲裁のいずれを選択するか
　　　□裁判地・仲裁地としてどこを選択する

(2) ガイドライン「データ編」のデータ取引契約の"ひな形"に基づく契約書サンプル

　経済産業省のガイドライン「データ編」の掲げるデータ提供型のモデルはほぼそのまま準拠しつつ，適宜変更を加えて作成した契約書サンプルを次頁以下に収めた。

　なお，取引の対象に個人情報を含む場合は，契約内容に個人情報保護法などの要求を反映させるべきことになるので，「提供データ」の定義の部分からはっきり区別しなくてはならない。

○○○データの提供に関する契約

○○○株式会社（以下「甲」という）及び○○○株式会社（以下「乙」という）とは，甲から乙への○○○データの提供に関し，以下のとおり契約（以下「本契約」という）を締結する。

第1条（定義）
本契約において，次に掲げる語は次の定義による。
　(1)「提供データ」とは，本契約に基づき，甲が乙に対し提供する，甲

が利用権限を有するデータであって，別紙に詳細を定めるものをいう。ただし，提供データには，個人情報の保護に関する法律に定める個人情報は含まない。
(2) 「本目的」とは，乙が，＿＿＿することをいう。
(3) 「派生データ」とは，乙が，提供データを加工，分析，編集，統合等することによって新たに生じたデータをいう。

第2条（提供データの提供方法）
甲は，本契約の期間中，乙に対して提供データを，別紙に定める提供方法で提供する。ただし，甲は，データ提供の＿日前までに乙に通知することで別紙の仕様および提供方法を変更することができる。
＜別紙省略＞

第3条（提供データの利用許諾）
1　甲は，乙に対して，提供データを本契約の有効期間中，本目的の範囲内でのみ利用することを許諾する。
2　乙は，本契約で明示的に規定されるものを除き，提供データについて開示，内容の訂正，追加または削除，利用の停止，消去および提供の停止を行うことのできる権限を有しない。
3　乙は，甲の書面による事前の承諾のない限り，本目的以外の目的で提供データを加工，分析，編集，統合その他の利用をしてはならず，提供データを第三者（乙が法人である場合，その子会社，関連会社も第三者に含まれる）に開示，提供，漏えいしてはならない。
4　提供データに関する知的財産権（データベースの著作物に関する権利を含むが，これに限らない）は，甲に帰属する。ただし，提供データのうち，第三者に知的財産権が帰属するものはこの限りではない。

第4条（対価・支払条件）
1　乙は，提供データの利用許諾に対する対価として，甲に対し，別紙の1単位あたり月額＿円を支払うものとする。

2　甲は，毎月月末に乙が利用している単位数を集計し，その単位数に応じた利用許諾の対価を翌月＿日までに乙に書面（電磁的方法を含む。以下同じ）で通知する。

3　乙は，本契約期間中，第1項に定める金額に消費税額および地方消費税額を加算した金額を，前項の通知を受領した日が属する月の末日までに甲が指定する銀行口座に振込送金の方法によって支払うものとする。なお，振込手数料は乙の負担とする。

第5条（提供データの非保証）

1　甲は，提供データが，適法かつ適切な方法によって取得されたものであることを表明し，保証する。

2　甲は，提供データの正確性，完全性，安全性，有効性（本目的への適合性），提供データが第三者の知的財産権その他の権利を侵害しないことを保証しない。

第6条（責任の制限等）

1　甲は，乙による提供データの利用に関連する，または提供データの乙の利用に基づき生じた発明，考案，創作および営業秘密等に関する知的財産権の乙による利用に関連する一切の請求，損失，損害または費用（合理的な弁護士費用を含み，特許権侵害，意匠権侵害，その他これらに類する侵害を含むがこれに限らない）に関し責任を負わない。

2　乙は，提供データの利用に起因または関連して第三者との間で紛争，クレームまたは請求（以下「紛争等」という）が生じた場合には，直ちに甲に対して書面により通知するものとし，かつ，自己の責任および費用負担において，当該紛争等を解決する。甲は，当該紛争等に合理的な範囲で協力するものとする。

3　乙は，前項に定める紛争等に起因または関連して甲が損害，損失または費用（合理的な弁護士費用を含み，以下「損害等」という）を被った場合（ただし，当該紛争等が甲の帰責事由に基づく場合を除く），甲に対して，当該損害等を補償する。

第7条（利用状況）
1 甲は，乙に対し，乙による提供データの利用が本契約の条件に適合しているか否かを検証するために必要な利用状況の報告を求めることができる。
2 甲は，合理的な基準により，前項に基づく報告が提供データの利用状況を検証するのに十分ではないと判断した場合，＿営業日前に書面による事前通知をすることを条件に，1年に1回を限度として，乙の営業所において，乙による提供データの利用状況の監査を実施することができるものとする。この場合，甲は，乙の情報セキュリティに関する規程その他の乙が別途定める社内規程を遵守するものとする。
3 前項による監査の結果，乙が本契約に違反して提供データを利用していたことが発覚した場合，乙は甲に対し監査に要した費用および提供データの利用に係る追加の対価を支払うものとする。

第8条（提供データの管理）
1 乙は，提供データを他の情報と明確に区別して善良な管理者の注意をもって管理・保管しなければならず，適切な管理手段を用いて，自己の営業秘密と同等以上の管理措置を講ずるものとする。
2 甲は，提供データの管理状況について，乙に対していつでも書面による報告を求めることができる。この場合において，提供データの漏えいまたは喪失のおそれがあると甲が判断した場合，甲は，乙に対して提供データの管理方法・保管方法の是正を求めることができる。
3 前項の報告または是正の要求がなされた場合，乙は速やかにこれに応じなければならない。

第9条（損害軽減義務）
1 乙は，提供データの漏えい，喪失，第三者提供，目的外利用等本契約に違反する提供データの利用（以下，「提供データの漏えい等」という）を発見した場合，直ちに甲にその旨を通知しなければならない。

2 乙の故意または過失により，提供データの漏えい等が生じた場合，乙は，自己の費用と責任において，提供データの漏えい等の事実の有無を確認し，提供データの漏えい等の事実が確認できた場合は，その原因を調査し，再発防止策について検討しその内容を甲に報告しなければならない。

第10条（秘密保持義務）

1 甲および乙は，本契約を通じて知り得た，相手方が開示にあたり，書面・口頭・その他の方法を問わず，秘密情報であることを表明した上で開示した情報（以下「秘密情報」という。ただし，提供データは本条における「秘密情報」には含まれない）を，厳に秘密として保持し，相手方の書面による事前の承諾なしに第三者に開示，提供，漏えいし，また，秘密情報を本契約に基づく権利の行使または義務の履行以外の目的で利用してはならない。ただし，法令上の強制力を伴う開示請求が公的機関よりなされた場合は，その請求に応じる限りにおいて，開示者への速やかな通知を行うことを条件として開示することができる。

2 前項の規定にかかわらず，次の各号のいずれかに該当する情報は，秘密情報にあたらないものとする。
　① 開示の時点で既に被開示者が保有していた情報
　② 秘密情報によらず被開示者が独自に生成した情報
　③ 開示の時点で公知の情報
　④ 開示後に被開示者の責に帰すべき事由によらずに公知となった情報
　⑤ 正当な権利を有する第三者から秘密保持義務を負うことなく開示された情報

3 被開示者は，本契約の履行のために必要な範囲内に限り，本条第1項に基づく秘密保持義務を遵守させることを前提に，自らの役職員または法律上守秘義務を負った自らの弁護士，会計士，税理士等に対して秘密情報を開示することができる。

4 本条に基づく義務は，本契約が終了した後も__年間存続する。

第11条（派生データ等の取扱い）
1 派生データに関しては，当事者間で別途合意した場合を除き，乙のみが一切の利用権限を有する。
2 提供データの乙の利用に基づき生じた発明，考案，創作および営業秘密等に関する知的財産権は，乙に帰属する。

第12条（有効期間）
本契約の有効期間は，契約締結日から__年間とする。ただし，契約の有効期間満了の__ヶ月前までに甲または乙から書面による契約終了の申し出がないときは，本契約と同一の条件でさらに__年間継続するものとし，以後も同様とする。

第13条（不可抗力免責）
本契約の契約期間中において，天災地変，戦争，暴動，内乱，自然災害，停電，通信設備の事故，クラウドサービス等の外部サービスの提供の停止または緊急メンテナンス，法令の制定改廃その他甲および乙の責に帰すことができない事由よる本契約の全部または一部の履行遅滞もしくは履行不能については，甲および乙は責任を負わない。

第14条（解除，期限の利益喪失等）
甲又は乙は，相手方が次の各号の一に該当する場合，何らの通知，催告なしに，直ちに本契約の全部又は一部につき，何らの責任を負うことなく，その債務の履行を停止し，又は解除することができる。
(1) 本契約に定める義務の全部又は一部に違反したとき
(2) 財産又は信用状態の悪化等により，差押え，仮差押え，仮処分，強制執行もしくは競売の申立てがなされ，又は租税公課を滞納し督促を受けたとき

(3) 破産手続開始，民事再生手続開始，会社更生手続開始，特別清算開始その他法的倒産手続開始の申立てがあったとき，解散（又は法令に基づく解散も含む），清算もしくは私的整理の手続に入ったとき
(4) 手形もしくは小切手を不渡とし，その他支払不能又は支払停止となったとき
(5) 自ら又は自らの役員（業務を執行する社員，取締役，執行役又はこれらに準ずる者をいう）が，暴力団，暴力団関係企業，総会屋もしくはこれらに準ずる者又はその構成員であることが判明したとき

第15条（契約終了後の措置）
1 乙は，本契約の終了後，理由の如何を問わず，提供データを利用してはならず，甲が別途指示する方法で，速やかに受領済みの提供データ（複製物を含む）を全て廃棄または消去しなければならない。
2 甲は，乙に対し，データが全て廃棄または消去されたことを証する書面の提出を求めることができる。

第16条（反社会的勢力の排除）
＜略＞

第17条（残存条項）
本契約終了後も，第3条第2項および3項（受領者の義務），第6条（責任の制限等），第10条（秘密保持義務），第11条（派生データ等の取扱い），第14条（解除），第15条（契約終了後の措置），第16条（反社会的勢力の排除），本条（残存条項），第18条（別途協議），第19条（合意管轄）は有効に存続する。

第18条（別途協議）
本契約に定めがない事項又は本契約に生じた疑義について，甲及び乙は，誠実に協議して解決を図る。

```
第19条（合意管轄）
 本契約に関して甲乙間に生じる裁判上の紛争については，○○地方裁判
 所を専属的管轄裁判所とする。

以上，本契約締結の証として本書2通を作成し，甲乙記名押印のうえ各
1通を保有する。
 20  年 月 日
 甲：                    乙：
```

なお，本「ひな形」には，次のような「利用にあたっての注意事項」がついている。

「本ひな形は，検討項目の一部の検討結果を反映した場合の参考例であるため，全ての取引においてそのまま利用いただけるものではありません。個々の取引毎に必ず必要な契約条件の検討を行った上で，契約書を作成ください。」

◆ データ取引契約と民法改正

(1) 民法（債権関係）改正法の成立

民法の一部を改正する法律案が，債権関係（契約関係）の規定の改正を内容として2015年3月31日に国会に提出され，2017年5月26日，参議院本会議で可決，成立し，同年6月2日に公布された。民法制定以来120年ぶり，かつ初めての抜本的改正である。「債権関係」の多くは「契約関係」から生じるので，今回の改正は契約実務に多大な影響を及ぼす。

改正内容は多岐にわたるが，その施行は公布の日から3年を超えない2020年4月1日からと決まった。

データ取引契約にも少なからぬ影響が予想される定型約款に関しては，施行日前に締結された契約にも改正民法が通用される。

ただ，施行日前に反対の意思表示をすれば改正民法は適用されない。この反対の意思表示に関する規定は2018年4月1日から施行された。

また，事業のために負担した賃金等債務を主たる債務とする保証契約は，一定の例外的場合を除き，事前に公正証書が作成されていなければ無効となるので，施行日前から公正証書の作成を可能とする規定がなされ，同規定は2020年3月1日から施行になる。

(2) 主要な改正点と契約実務全般に与える影響

　民法改正に伴い企業は，データ取引契約に限らず，とりわけ今後取り扱う契約の内容を改正に沿って適宜見直していかなくてはならない。

　見直しにあたって最も基本的な点は，何を目的に契約するのかをよりはっきり意識し，契約内容を目的に適合するように明確化することである。

　多岐にわたる本改正項目のなかで大きな改正点は，契約内容は何かを最も意識させ，売買契約売主の担保責任につき，「瑕疵」担保責任を「契約不適合」責任に改めた点である。また，本改正は損害賠償の要件である「責めに帰すべき事由」を「契約その他の債務発生原因及び取引上の社会通念に照らして債務者の責めに帰することのできない事由」によらないことと変えた。この改正によっても，契約当事者の合意内容がより重視されるようになる。

　以下，主要改正点ごとに契約実務上の留意点をまとめておく。

　① 時効規定の整備

　　民法167条1項は，債権の消滅時効を原則として10年としつつ，飲食代金や宿泊代金等（1年），弁護士費用等（2年），工事関連費用等（3年）につき，いわゆる短期消滅時効を定めていた。

　　改正法166条は，これら短期消滅時効制度を廃止し，①債権者が権利を行使することができることを知った時から5年，②権利を行使することができる時から10年の消滅時効制度を定めた。

　　契約実務においては，時効期間の管理をより厳しく行わなければならない。契約ごとに異なるとはいえ，契約当事者は契約締結時に「権利を行使することができる」時点を知り得る。改正によって消滅時効期間は，多くの場合，5年に短縮されることになるからであ

る。

　反面，短期消滅時効にかかる債権については改正により消滅時効期間が延長されるので，債権者となる企業としては社内の情報管理規程における契約書の保管期間を長くしておく必要がある。

② 変動法定利率の新設

　民法404条は，利率の約定がない場合の債権の利率を年5％としているが，改正法404条は，この法定利率を年3％とし，さらにその利率も3年に1度変動するとした。

　法定利率に関する改正により，利息の授受金額に差が生じるという直接的な影響のほか，死亡・後遺障害が生じた交通事故で得られる損害賠償額が上昇し，さらにその影響を受けて損害保険の保険料が上昇するなどの実務上の影響が考えられる。

　ただ，契約実務上は，契約に応じた利率を約定するよう慣例化しておくことで，利率に関するリスクを管理すべきであろう。

③ 保証債務に関する規定整備

　改正法は保証人の保護を図るため，保証債務に関する規定を整備している。契約実務上は，以下の3点がとくに重要である。

(ア) 連帯保証人について生じた事由の効力

　　債権者が連帯保証人に対して履行の請求をした場合においても，当然に主債務者の消滅時効が中断することにはならなくなった。そのため，主債務者と連帯保証人に対する債権管理を別々に行う必要がある。

(イ) 個人根保証に関する規律

　　改正法465条の2は，現行法の賃金等根保証契約に関する包括根保証の禁止等の制限を，主たる債務の範囲に貸金等債務を含まない「個人根保証契約」にも拡張した。本改正によって，賃貸借や継続的部品調達契約など，貸金等債務を含まない債務の個人保証でも極度額を定めなければ根保証契約が無効になってしまうので注意を要する。

(ウ) 事業資金借入債務についての特則

改正法465条の6は，事業資金の借入を主債務とする保証契約・根保証契約を締結する場合，契約締結前1ヵ月以内に保証人が「保証債務を履行する意思を表示」した公正証書の作成を必要とした。

　同条の適用除外として，主債務者と関連性の強い一定の範囲の者（法人の理事，取締役など）が保証人である場合の特則が規定されている（法465条の9）。

(エ)　情報提供義務

　改正法458条の2および458条の3は，個人保証について債権者は，主債務者の履行状況，主債務者が期限の利益を喪失した場合に関し，保証人に対し情報提供義務を負うと定める。また，改正法465条の10は，事業資金の借入における保証において債務者の情報提供義務を定め，保証人の保護を図っている。

　このように改正の結果，債権者側，債務者側それぞれに保証人への情報提供義務が生じた。

　企業は，いずれの立場でどのような情報提供をどこまでやるべきかを確認し，情報提供義務違反がないように準備を怠らないようにしたい。

④　定型約款に関する規定の新設

　改正法は定型約款につき，その定義，合意要件，内容表示義務，変更要件を新たに規定した（548条の2～548条の4）。

　本改正が企業の契約実務に与える影響は大きい。企業は，使用している各種書面が「定型約款」に当たるかどうか，当たるのであれば，明確化された定型約款が有効に機能する要件，変更ができる要件に則り，企業として，いわば約款運用マニュアルを定め，これに従った実務が必要になる。

　今回の民法改正の内容を細かくみていくと，従来の判例法理を明文化したにすぎない箇所も少なくないことに気づく。そうした改正点に

ついては，企業として改正に対応した契約実務が必要ないかというと，そうとはいえない。

　改正は，判例法理がまだ実務界で完全に定着していない部分を法文で明確にした場合もあるからであり，施行前でも法律が制定，公布された後は，その内容を先取りするようにして裁判実務などが動き出すことがよくある。

　従来の判例法理を明文化したにすぎないとみられる改正箇所については，あいまいであった適用要件なども含め法文で明文化したところに従って解釈，運用が行われるようになる。

　従来から学界，法曹界で多数説，少数説が入り乱れていた争点に改正法が「決着を付けた」箇所もある。こうした箇所については，改正法施行前であっても，裁判所をはじめとする実務界は改正法の内容に沿った判断を示すものと思われる。

(3) 改正民法成立後のデータ取引契約

　ほとんどの契約は複数の条項から成り立っている。それら契約条項は，たとえばデータ取引のような契約の目的を達成するために必要な固有の条項と，どのような種類の契約にも共通して使う一般的条項とに大別できる。

　改正民法の改正内容でデータ取引契約に最も大きな影響を与えるのは，「瑕疵」担保責任を「契約不適合」責任に変えた部分であろう。

　というのも，データ取引契約は売買契約あるいは，有償の双務契約の性格をもつものも少なくないからである。売買契約には，「売主の担保責任」と題する条項が入るのが常であり，そこに「瑕疵」担保責任と書いてあれば，これを契約不適合責任に変えなくてはならない。

　この部分は，契約文言を改正に沿って変えるだけでは済まない。買主の側から売主の担保責任を追及するには，契約の目的と内容を明確に定めておく必要がある。

　改正民法が施行になるのは2020年4月1日からであるが，たとえば期間5年の継続的データ取引契約を締結するのであれば，契約期間満

了前に改正民法が施行になるので,今から変えておくべきである。

また,データ取引契約には改正民法のいう定型約款が含まれる。定型約款に関しては,経過規定により施行日前に締結された契約にも改正民法が適用される。そのため,データ取引で用いる定型的取引約款は,B to C（企業対消費者）の契約でなくとも今から改正民法に沿った適正な内容にしておく必要がある。

具体的には,「相手方の権利を制限し,又は相手方の義務を加重する条項であって,その定型取引の態様及びその実情並びに取引上の社会通念に照らして第1条第2項に規定する基本原則〔信義誠実の原則〕に反して相手方の利益を一方的に害すると認められるものについては,合意をしなかったものとみなす。」（改正民法528条の2第2項）との規定に違反しないような契約条項にすべきである。

このように信義誠実の原則に反する内容の契約条項を包括的に規制する規定は,消費者契約法10条にもみられ,以下のように規定する。

「消費者の不作為をもって当該消費者が新たな消費者契約の申込み又はその承諾の意思表示をしたものとみなす条項その他の法令中の公の秩序に関しない規定の適用による場合に比して消費者の権利を制限し又は消費者の義務を加重する消費者契約の条項であって,民法1条2項に規定する基本原則に反して消費者の利益を一方的に害するものは,無効とする。」

改正民法548条の2第2項と比較した場合,消費者契約法10条は「無効とする」と明記する点が異なる。他に同法は,無効とする条項を,8条,および8条の2において列挙する。

また,消費者契約法は民法の特別法であり事業者対消費者（B to C）の取引にしか適用されない。民法の規定は,B to CかB to Bの取引であるかを問わず適用される。

4 データの活用が期待されるデジタル広告

◆ ネットを使ったデジタル広告

ネット検索連動型広告にハイパーリンクを施した広告掲載行為が,商標法や不正競争防止法の規定に違反しないとして損害賠償請求を棄却した事例（大阪高等裁判所平成29年4月20日判時2345号93頁）がある。

〔事案〕
インターネット上のショッピングモールを運営する株式会社（Y）が,インターネット上の検索エンジンに表示される検索連動型広告に「石けん百貨」等の標章とYのサイトへのハイパーリンクを施す方式によって広告を掲載した行為はその所有する各商標権の侵害および不正競争防止法2条1項1号の不正競争に当たるとしてX社が損害賠償等を請求した。原審（大阪地裁）は,請求をすべて棄却したためX社が控訴した（差止請求については不服を申し立てず）。

〔判旨〕（控訴棄却）
①控訴人は,本件広告は本件各登録商標の顧客吸引力を利用してユーザーを楽天市場のウェブサイトへと導くものであるから,本件各登録商標の出所識別機能や広告機能を害すると主張する。

被控訴人が運営する楽天市場が多数の加盟店から成るインターネットショッピングモールがあることは,ユーザーの間に広く知られている事実であり,また,「石けん百貨」等の語は普通名称ではなく,造語として理解される語である。そうすると,楽天市場の広告において,造語である「石けん百貨」等を用いて「【楽天】石けん百貨特集」等と表示されている場合には,その広告に接したユーザーは,「石けん百貨」に関連する商品が楽天市場内で提供されている旨が表示されていると理解するのが通常であるとは考えられる。しかし,本件広告と

そのハイパーリンク先である楽天市場リスト表示画面とを一体のものとして見ても，…具体的な商品について「石けん百貨」等が使用されているといえない以上，商標法2条3項8号にいう「商品若しくは役務に関する広告」とはいえない…。

②被控訴人が広告主である，「石けん百貨」との表示を含む検索連動型広告のハイパーリンク先の楽天市場リスト表示画面において，登録商標である「石けん百貨」の指定商品である石けん商品の情報が表示された場合には，これをユーザーから見れば，…，両画面が一体となって，「石けん百貨」ブランドの石けん商品を買いたいなどの動機によりGoogle等で「石けん百貨」をキーワードとして検索をしたユーザーを，被控訴人の開設するウェブサイト内にある，「石けん百貨」の指定商品である石けん商品が陳列表示された石けん商品販売業者のウェブページに誘導するための広告であると認識されるのであるから，被控訴人が当該状態及びこれが商標の出所表示機能を害することにつき具体的に認識するか，又はそれが可能になったといえるに至ったときは，その時点から合理的期間が経過するまでの間にNGワードリストによる管理等を行って，「石けん百貨」との表示を含む検索連動型広告のハイパーリンク先の楽天市場リスト表示画面において，登録商標である「石けん百貨」の指定商品である石けん商品の情報が表示されるという状態を解消しない限り，被控訴人は，「石けん百貨」という標章が付されたことについても自らの行為として認容したものとして，商標法2条3項8号所定の要件が充足され，被控訴人について商標権侵害が成立すると解すべきである。

〔本事件の教訓〕

アメリカのGoogle社などが運営する検索連動型広告での登録商標表示およびハイパーリンク先への同商標の指定商品陳列表示が電磁的方法で広告などに標章を付して提供する行為（商標法2条3項8号）に当たるかが争われた。

裁判の結論としては侵害を認めなかったが，同種の広告におけるオ

ンライン市場運営者が侵害主体かどうかの判断基準を示しており意義がある。

◆ パーソナルデータのインターネット上のサービスへの利用

　データ取引の対象となるデータは，パーソナルデータを含まないいわゆる産業データとそれ以外のデータに大別され，後者にはパーソナルデータのほか，ノウハウを含むデータや加工済みデータが含まれる。このような説明が従来なされてきたが，個人データの流通についての法的規制が重視されるので，パーソナルデータかそれ以外かで分ければ足りるとの考えもある。

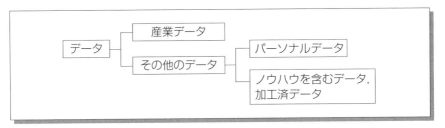

　いまデータの利活用が最も期待されるのが，インターネット上の広告サービスにおいてである。検索履歴，ウェブサイト閲覧履歴など個人のデータを刻々事業者が大量に取得，収集し，顧客ごとに趣味や関心事にマッチしたいわゆる行動ターゲッティング広告を大規模に行っている。

　ターゲッティング広告に代表されるようなインターネット広告事業の当事者関係を概略を図示すると次のようになる。

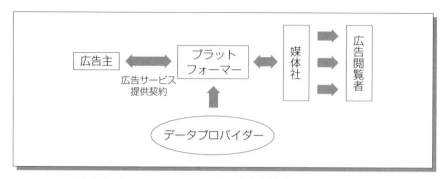

※広告主とプラットフォーマーの間に広告会社が介在することがあるし，プラットフォーマーと媒体社の間に媒体社が広告枠の販売の効率化や収益の最大化を図るためのシステムを運営するSSP（Supply Side Platform）が介在することがある。

5 データ取引当事者に求められる体制整備

◆ 求められる「データガバナンス」

　　　データがグローバルに行き来するようになると，大量情報がネット流出するおそれが増す。

　　　その背景には，IoTやAIの利活用が盛んになり，「第4次産業革命」とまでいわれるようになったことがある。"コネクテッドカー"を例に取ると，自動車をインターネットにつなげることで，難しかった多様な大量のデータを収集し活用できるようになる。

　　　インターネットを介してクラウドに大量のデータを世界的規模で集め処理することのメリットは計り知れないが，反面，大量のデータのネット流出，不正使用，持ち出しなどが起こるリスクも増大した。

　　　2017年10月初め，アメリカの検索大手Y社から全利用者が作成した約30億アカウントの個人情報が流出した。アメリカで過去最大規模の流出事故とされたが，その少し前には信用情報大手E社から，約1億4,600万人分の氏名，住所，生年月日，クレジットカード番号などが流出した事故があった。

　　　E社のCEO（最高経営責任者）は，ソフトの脆弱性に気づきながらその更新を怠っていたなど責任を認める証言をアメリカ連邦議会で行った。こうした大規模流出が続く背景には「クラウドの悪用などサイバー攻撃の支援勢力拡大がある」とみられた。

　　　そこで改めて企業に求められるのが，データガバナンスである。大量のデジタルデータの流出などを防止し情報セキュリティを確保するための体制づくりといってよい。

　　　データガバナンス体制の内容は，コーポレートガバナンスの延長上で考えることができる。ひところ，会社の経営陣が組織におけるIT

（情報技術）の投資や利活用について責任をもつとのITガバナンスが唱えられたが，これが情報セキュリティ面を強調するように内容を変えられた。

　2010年代に入り，ビッグデータを直接分析する技術が使われ始め，大規模な個人データの漏えい事故が続発するようになると，データの扱いにガバナンスが求められるに至ったのである。データガバナンスは，より具体的にはIoTとAIに対するガバナンスを内容にする。

　ITガバナンスについては，国際規格がすでにある。2008年にオーストラリアとニュージーランドが提案して策定されたISO/IEC38500がそれで，日本の工業規格にもなっている（JIS 38500：2014〔8〕）。今，これをもとにしてデータガバナンスの規格づくりが行われている。

　その規格案全体の構成をみると，もとになった「38500」の第3章「良好なITガバナンスのための枠組み（原則とモデル）」，第5章「ITガバナンスの手引き」を，第3章から第9章までに引き直している。

　内容面で特徴的なのは，規格案第4章中に「良いデータガバナンス」として経営者がデータを取扱う際の心構えがある点である。なかでも，ビッグデータは，顧客の属性と組み合わせた付加価値の高いデータであること，匿名でもデータの組合せで個人が特定されるリスクによるデータ保護の重要性を強調し，データ解析によって特定の顧客に有害な情報取得の防止を求めている点は，2017年5月30日施行の改正個人情報保護法が導入した「匿名加工情報」との関係でも重要である。

◆ データのセキュリティガバナンスのための体制整備

　大量のデジタルデータの流失などを防止し，情報セキュリティを確保するデータガバナンスは，上記のとおり情報セキュリティの面を強調したところのITガバナンスであり，コーポレートガバナンスである。

　コーポレートガバナンスは企業統治ともいうが，企業活動とくに経営者の行動をコントロールする仕組みを意味する。いま進行中の「産業革命」の下では，ビジネス活動のさまざまな局面において，デジタ

ルデータをいかに保存・保管し，処理し，活用するかが企業の盛衰を分ける最重要課題である。

　この経営課題に適切に対処するには，経営者による日常的な経営判断を対象に含めた組織全体のガバナンスが欠かせない。とくに重要なのがリスク管理・危機管理の視点に基づくデータのセキュリティガバナンスである。

　リスク管理・危機管理と一体となった内部統制が求められるだけでなく，これを組み込んだ組織とグループ全体をカバーする体制が築けるかどうかが鍵になる。

　規格の面からもデータガバナンスは，ITガバナンスとは明らかに異なる側面をもっている。それはITガバナンスが経営者や限られた範囲の外部関係者を対象とするのに対し，データガバナンスの場合は，対象となるデータの所有者が不特定多数に近い個人顧客であり得る点においてである。

◆ データサイエンティストの配置

　IoTやAIを駆使しつつデータ取引の活用を検討する企業にとって，今後欠かせない"人材"が，データサイエンティストと呼ばれるデータを分析し処理する専門家である。

　データ取引の対象になるデータはAIが分析し処理するが，そのAIをうまく活用するためには，データを学習させなくてはならない。それは，人間が経験を多く積み重ねることで起こりうる将来リスクなどを予測できるのと同様に，AIは十分なデータを学習してはじめて的確な予測ができる。

　一般にAIに「食わせる」データは多ければ多いほど予測精度は高まる。とはいえ，ただ単純にデータの量が多ければ多いほどよいかというとそうではない。AIをどのような目的に活用するかを明確にし，そのために着目すべき「特徴量」を専門家が見極め，これにターゲットを絞ったデータの収集，処理を行うのがよい。

　AI活用のコンサルティング会社が例として挙げているのが，コン

ビニに入店する人が何を買うのかを予測するのにAIを使う場合である。「特徴量」として，入店者の年齢，性別，天候，時間帯などが結果を左右しそうな要素として想定できる。

どの要素に着目すべきかを見極めずにAIを使っても，処理量が爆発的に増え，実用性が低下してしまうという。そこで，求められるのが，データサイエンティストあるいはデータアナリストと呼ばれるIT人材である。

◆ "データ取引責任者"（DTO）の配置

ITガバナンスの必要性が叫ばれはじめた頃，ガバナンス体制の一環として，情報管理最高責任者（Chief Information Officer：CIO）の配置をする企業が相次いだ。あるデータ活用のコンサルティング会社の場合には，取締役のなかにデータ分析担当最高責任者（Chief Analytics Officer：CAO）を置いている。

今後，データの流通が盛んになる「データ資本主義」社会にあっては，データ取引最高責任者（Chief Data-transaction Officer：CDO）を置く企業が増えるであろう。

◆ プラットフォーマーの役割と責任

今日，巨大化したデジタルデータ市場を"牛耳る"のは，プラットフォーマーと呼ばれるIT企業である。

プラットフォーマーの元の語であるプラットフォーム（platform）で，だれでもすぐ思い浮かべるのは，駅の「乗降場」であろう。「フォームの端を歩かないで下さい！」のように略した駅のアナウンスもよく耳にする。platformの語源に当たるのはフランス語のplateformeで，ground plan「基盤（となる）計画」を意味する。これが派生して，演壇，舞台，大地，さらには，政党の網領，主義，教義なども表す。

今プラットフォームが注目されるのは「情報発信の舞台」としてである。具体的には，情報，商品，サービスを流通させる場・環境とし

てのウェブサイトやアプリを指す。この「舞台」で，みずから演技をするわけではないが演技者に「演技」をさせる，いわば舞台係がプラットフォーマーである。

　プラットフォームは，IT社会において重要な役割を担う。昔からある市場のようなものだと思えばわかりやすい。魚や野菜の市場を例にとれば，朝早くから売り手と買い手が集まり競りによる取引を行う。取引の「場」を提供するのが市場の役割であるが，プラットフォームはサイバー空間における取引市場と考えればわかりやすい。

　プラットフォーマーは，市場における「売り手」にも「買い手」にもならない。あくまで取引の場や環境を提供するだけである。プラットフォーマーにはマッチング型と非マッチング型がある。前者の典型はモールであり，後者の典型はソーシャルメディアである。それぞれにつきもう少し詳しく説明する。

　モールは，多数の店舗が参加してつくるウェブサイトないしはアプリである。モールに参加する店舗の構築，広告，商品の受注・配送，決済などは，プラットフォーマーとしてのモール運営事業者が共通のやり方でもって出店者を支援するのが通常である。モール運営事業者と出店者間には，モール利用に関する契約が締結される。

　非マッチング型プラットフォームの典型であるSNSなどのソーシャルメディアの場合，情報発信者が自分でウェブサイトを作成することなく，プラットフォーマーであるソーシャルメディア運営事業者が構築したフォーマット上で情報発信ができる。

　発信者，閲覧者およびソーシャルメディア運営事業者の三者間には，ソーシャルメディアの利用に関し各契約が締結される。マッチング型と非マッチング型プラットフォームの違いは，情報発信者と情報利用者間に原則的に契約が取り交わされるか否かにある。

　今，ソーシャルメディアなどに"有害情報"が含まれていた場合のプラットフォーマーの法的責任問題が関心を集めている。「プロバイダーの法的責任」問題として論じられてきた点でもある。

　これに関する裁判例は多いが，主に被害者によりプラットフォー

マーに対する人格権等に基づく削除要求，または不法行為に基づく損害賠償請求が行われる。プロバイダー責任法（特定電気通信役務提供者の損害賠償責任の制限及び発信者情報の開示に関する法律）3条に基づいて，プラットフォーマーの責任制限がなされ得る。また，ソーシャルメディアの管理者に対し同法4条に基づいて発信者の情報を開示するよう請求できる。

◆ プラットフォーマーなどの法的責任を扱った裁判例

「ストリートビュー」の画像撮影・公開が不法行為の違法性を有しないとした事例（福岡高判平成24年7月13日判時2234号44頁）である。

〔事案〕
　Xは，居住するアパートのベランダに干していた下着を含む洗濯物の撮影・公表が不法行為に該当するなどと主張し，インターネット上で「ストリートビュー」サービスを提供しているY（アメリカの法人グーグル・インクの子会社）に対し，民法709条の不法行為による損害賠償などの支払を求めて訴えを提起した。Yは，撮影行為自体はプライバシー権侵害には当たらず，公表行為は公道上から目視できる程度でなされたものであって不法行為には当たらないこと，さらに公表行為を行ったのはアメリカの親会社であることを主張して争った。

〔判旨〕控訴棄却（上告・上告受理申立）
　①一般に，他人に知られたくない私的事項をみだりに公表されない権利・利益や私生活の平穏を享受する権利・利益については，プライバシー権として法的保護が与えられ，その違法な侵害に対しては損害賠償等を請求し得るところ，社会に生起するプライバシー侵害の態様は多様であって，出版物等の公表行為のみならず，私生活の平穏に対する侵入行為として，のぞき見，盗聴，写真撮影，私生活への干渉行為等も問題となり得る。
　②写真ないし画像の撮影行為については，被撮影者の承諾なく容ぼう・姿態が撮影される場合には肖像権侵害として類型的にとらえられるが，さらに，容ぼう・姿態以外の私的事項についても，その撮影行

為により私生活上の平穏の利益が侵され，違法と評価されるものであれば，プライバシー侵害として不法行為を構成し，法的な救済の対象とされると解される。…ただし，写真や画像の撮影行為が違法となるか否かの判断においては，被撮影者の私生活上の平穏の利益の侵害が，社会生活上受忍の限度を超えるものといえるかどうかが判断基準とされるべきであると解される（肖像権の場合に関し，最高裁平成17年11月10日第一小法廷判決・民集59巻9号2428頁）。

　③本件画像は，本件居室やベランダの様子を特段に撮影対象としたものではなく，公道から周囲全体を撮影した際に画像に写り込んだものであるところ，本件居室のベランダは公道から奥にあり，画像全体に占めるベランダの画像の割合は小さく，そこに掛けられている物については判然としないのであるから，一般人を基準とした場合には，この画像を撮影されたことにより私生活上の平穏が侵害されたとは認められないといわざるを得ない。一般に公道において写真・画像を撮影する際には，周囲の様々な物が写ってしまうため，私的事項が写真・画像に写りこむことも十分あり得るところではあるが，そのことも一定程度は社会に容認されていると解される。本件の場合は，ベランダに掛けられている物が具体的に何であるのか判然としないのであるから，たとえこれが下着であったとしても，上記の事情に照らせば，本件に関しては被撮影者の受忍限度の範囲内であるといわなければならない。

　撮影された本件画像の公表行為の違法性については，その物を公表されない法的利益とこれを公表する理由とを比較衡量して判断すべきところ（最高裁平成15年3月14日第二小法廷判決・民集57巻3号229頁参照），前述のとおり，本件画像においてはベランダに掛けられた物が何であるのか判然としないのであり，本件画像に不当に注意を向けさせるような方法で公表されたものではなく，公表された本件画像からは，控訴人のプライバシーとしての権利又は法的に保護すべき利益の侵害があったとは認められない。したがって，その他の事情を検討するまでもなく，本件公表行為についても不法行為は成立しない。

〔本事件の教訓〕

　本判決は，プライバシー侵害の有無を判断するについて，従来の判例の基準によっている。ただ，世界的によく知られたネット上のサービスへのあてはめが行われており，先例として意味がある。

　次に，フェイスブックに名誉侵害の投稿があった13日前に，別のIPアドレスからなされたアクセスが権利侵害に係る発信者情報に当たらないとした事例（東京高判　平成29年2月8日判夕1446号109頁）を紹介する。

〔事案〕
　フェイスブックにXの名誉を侵害する複数の書込みが投稿され，Xの申立を認容する仮処分命令を東京地裁が下したため，同社がXに対し投稿がなされたアカウントに関するアクセス情報としてログインの時刻およびログイン時に使用されたIPアドレスを開示した。Xは，同IPアドレスが権利の侵害に係る発信者情報に当たると主張して，同IPアドレスを管理する特定電気役務通信事業者であるS株式会社に対し発信者情報の開示を求めた。敗訴したためXが原判決の取消を求めて控訴した。

〔判旨〕控訴棄却（その後，上告却下，上告不受理）
　①本件各投稿が投稿されたアカウントは，投稿日及びその直前に多数の本件IPアドレスによるアクセスがあり，本件各投稿はこれらのアクセスによる可能性が高いことが認められる。他方において，本件各投稿の投稿日又はそれよりも前の日に，対象外IPアドレスによるアクセスがあり，本件各投稿がこれらのアクセスによる可能性も完全には否定できない。
　②本件各投稿をした者以外の者のIPアドレスに係る住所，氏名等の個人情報を開示してしまった場合には，その者の通信の秘密やプライバシーを不当に侵害する結果をもたらす。そうすると，あるIPアドレスから本件各投稿がされた蓋然性がかなり高い場合であっても，これと異なる可能性が通信の秘密等の基本的人権の保障の見地から見て無

視できない程度に残っている場合には，日本国憲法13条及び21条２項並びに法４条の解釈として権利侵害に係る発信者情報とはいえない。

③本件各投稿のうち，本件IPアドレスと異なる対象IPアドレスからアカウントへのアクセスが投稿日の当日にあるもの…については，対象外IPアドレスからのアクセスにより投稿がされた可能性も相当程度残っている。そうすると，本件各投稿のうちこれらの日付のものは，権利侵害に係る発信者情報には当たらない。

本件投稿のうち，投稿日が５月24日のものについては，…別表によれば，５月12日から同月24日までの間は対象外IPアドレスからのアクセスは一つもなく，本件IPアドレスからのアクセスが多数存在する。しかしながら，以上の件を考慮しても，通信の秘密等の基本的人権の保障の見地から見ると，５月24日の投稿が５月11日以前の対象外IPアドレスからのアクセスにより行われた可能性を無視することはできない。

④法は２ちゃんねるのように，ウェブサイトの管理者が，個人の投稿ごとに当該投稿の発信者に係る情報を記録している場合には，有効に機能する。しかしながら，投稿ごとの発信者に係る情報の記録がウェブサイトの管理者に義務付けられていない現行法制度の下においては，投稿ごとの記録をしていないウェブサイト上の権利侵害について，発信者についての情報の開示を認めないことがあることも，やむを得ないところである。

〔本事件の教訓〕

本判決は，特定電気通信役務提供者の損害賠償責任の制限及び発信者情報の開示に関する法律４条１項に基づく開示請求を棄却した。IPアドレスからの権利侵害投稿の可能性が高く，権利侵害投稿をしていない者の通信の秘密等の基本的人権侵害のおそれがあることを根拠にしている。

続いて，検索事業者にプライバシー情報を含む記事を掲載したウェブサイトのURLと同ウェブサイトのURL・表題・抜粋を検索結果か

ら削除を求める要件を論じた裁判例（最決平成29年1月31日判夕1434号48頁）を紹介する。

〔事案〕
　Xは，平成26年改正前の児童買春，児童ポルノに関わる行為等の処罰および児童の保護等に関する法律違反の容疑で，平成23年11月に逮捕され，罰金刑に処せられた。逮捕された当日に報道され，内容の全部または一部がウェブサイトの電子掲示板に多数回書き込まれた。Xの居住県および氏名を条件として世界最大のシェアを占める検索事業者Yの提供する検索サービスを利用すると，関連するウェブサイトにつき，URL並びに当該ウェブサイトの表題および抜粋が提供され，そこには，本件事実等が書き込まれたウェブサイトのURLなどの情報が含まれていた。
　XはYに対し，人格権ないし人格的利益に基づき，本件検索結果の削除を求める仮処分命令の申立てをした。

〔決定要旨〕抗告棄却
　①検索事業者は，インターネット上のウェブサイトに掲載されている情報を網羅的に収集してその複製を保存し，同複製を基にした索引を作成するなどして情報を整理し，利用者から示された一定の条件に対応する情報を同索引に基づいて検索結果として提供するものであるが，この情報の収集，整理及び提供はプログラムにより自動的に行われるものの，同プログラムは検索結果の提供に関する検索事業者の方針に沿った結果を得ることができるように作成されたものであるから，検索結果の提供は検索事業者自身による表現行為という側面を有する。また，検索事業者による検索結果の提供は，公衆がインターネット上に情報を発信したり，インターネット上の膨大な量の情報の中から必要なものを入手したりすることを支援するものであり，現代社会においてインターネット上の情報流通の基盤として大きな役割を果たしている。そして，検索事業者による特定の検索結果の提供行為が違法とされ，その削除を余儀なくされるということは，上記方針に沿った一貫性を有する表現行為の制約であることはもとより，検索結果の提供

を通じて果たされている上記役割に対する制約でもあるといえる。

②検索事業者が，ある者に関する条件による検索の求めに応じ，その者のプライバシーに属する事実を含む記事等が掲載されたウェブサイトのURL等情報を検索結果の一部として提供する行為が違法となるか否かは，当該事実の性質及び内容，当該URL等情報が提供されることによってその者のプライバシーに属する事実が伝達される範囲とその者が破る具体的被害の程度，その者の社会的地位や影響力，上記記事等の目的や意義，上記記事等が掲載された時の社会的状況とその後の変化，上記記事等において当該事実を記載する必要性など，当該事実を公表されない法的利益と当該URL等情報を検索結果として提供する理由に関する諸事情を比較衡量して判断すべきもので，その結果，当該事実を公表されない法的利益が優越することが明らかな場合には，検索事業者に対し，当該URL等情報を検索結果から削除することを求めることができるものと解するのが相当である。

③児童買春をしたとの被疑事実に基づき逮捕されたという本件事実は，他人にみだりに知られたくない抗告人のプライバシーに属する事実であるものであるが，児童買春が児童に対する性的搾取及び性的虐待と位置付けられており，社会的に強い非難の対象とされ，罰則をもって禁止されていることに照らし，今なお公共の利害に関する事項であるといえる。また，本件検索結果は抗告人の居住する県の名称及び抗告人の氏名を条件とした場合の検索結果の一部であることなどからすると，本件事実が伝達される範囲はある程度限られたものであるといえる。

以上の諸事情に照らすと，…本件事実を公表されない法的利益が優越することが明らかであるとはいえない。

〔**本事件の教訓**〕

本件は，2014年5月13日，EU裁判所の判決が初めて認めたとされる「忘れられる権利」に関している。本件の保全異議の裁判において，東京高等裁判所が過去の犯罪歴につき，ある程度の期間が経過した後は社会から「忘れられる権利」があると述べた。

これに対し，原審である東京高等裁判所は，「忘れられる権利は法律上明文の規定がなくその要件効果が明らかでない」とし，その実態を名誉権ないしプライバシー権に基づく差止請求権と異ならないとした上で，Xによる差止の申立てを却下した。

許可決定に対する抗告審における最高裁判所の判断に注目が集まったが，最高裁は結果的にXの申立を退けたものの，「忘れられる権利」が認められるための判断基準を明示した。

◆ 大手プラットフォーマーからの個人情報大量流出事件とインターネット広告

2018年3月16日，アメリカの大手プラットフォーマーであるフェイスブックによる5千万人分の個人情報不正流出が発覚した。

この事件の発端は，2013年，イギリスの大学研究者がフェイスブックのサービス上に性格診断クイズのアプリを作成したことにある。これを使った30万人が個人情報を提供したが，その中には「友達」の情報も含まれており，あわせて5,000万人分の情報が研究者の手を経てイギリスのデータ収集会社「ケンブリッジ・アナリティカ」に流出したという。

集められたデータは，2016年のアメリカ大統領選挙でトランプ陣営の選挙運動に使われ，フェイク（偽）ニュース拡散の温床になったともいわれている。2018年3月17日にニューヨーク・タイムズ紙などが情報流出を報じると，フェイスブックに対する批判が一気に高まった。

フェイスブックの最高経営責任者（CEO）は同月26日付の現地主要紙に「当社にはみなさんの情報を守る責任がある。もしそれができないのであれば当社には情報を受け入れる資格がない」"We have a responsibility to protect your information. If we can't, we don't deserve it." と題する広告を発表した。

本不正流出事故を契機にアメリカではプラットフォーマーに対する"風当り"が強まった。2018年4月の第2週には，フェイスブックのCEOがアメリカ連邦議会の公聴会による証人喚問に応じることに

なった。

　従来，巨大プラットフォーマーはデータ市場を独占的に支配し，取引相手の事業者に不利な契約条件を押しつけているとの批判があった。加えて，本件のようなデータの不適切な収集やプライバシー侵害が明るみに出たため，独占禁止当局による規制強化が打ち出されている。

　とくにフェイスブックのサービスは，さまざまなウェブサイトやアプリが紐づけられ，膨大なデータが自動収集される仕組みになっており，アメリカ以外の欧州主要国の当局は利用者がこの仕組みに気づいていないことを問題視している。

　日本の公正取引委員会も，プラットフォーマーによるデータ独占による弊害を防止するため，独占禁止法の運用を強化する考えを表明した。

　当局によるこうした規制強化の動きがある一方で，アメリカではフェイスブックやケンブリッジ・アナリティカが，消費者を欺罔し情報保護法に違反したとして，多くのクラスアクション（集団訴訟）が提起されている。

　EUのGDPRは2018年5月25日から施行になったのであるが，フェイスブック事件が規則施行後に起こったとすると，巨額の制裁金は避けられなかったであろうとする専門家は少なくない。

　フェイスブックは，巨額の制裁金を免れたとはいえ，GDPRの施行を受け，これへの対応策をさまざま講じている。

　伝えられるところでは，これまで20ヵ所に分散していたプライバシー保護の設定画面を1ヵ所にまとめ，不正アクセスを防ぐためログインを二段階で行う設定にし，さらに同社が保存している個人データを利用者本人が確認し，必要に応じて削除できるようなシステムを導入したという。

　他にフェイスブックはホームページ上で，「当社は，GDPRを含むEUのデータ保護法を遵守している。GDPR対応は，ダブリンに本拠を置くデータ保護チームと当社史上最大のクロスファンクショナルチームの支援のもとで行っている」としている。

5 データ取引当事者に求められる体制整備

フェイスブックによる取組とは別に，他企業のGDPR対応は，施行後数ヵ月が経過した時点でも順調に進んでいるとはいい難いようである。そうしたなか，2018年7月下旬に，フェイスブックの株式が，アメリカの株式市場で前日比19％安の大幅下落を記録した。直前に発表した決算で，同年4～6月期決算の売上高が市場予想を下回り，伸び率も1～3月期を大幅に下回ったのが原因とされたが，同社CEOは，同年5月25日から施行になったEU・GDPRによる厳しい個人情報保護ルールが同社のビジネスにとって逆風になっていると認めた。

第2部

契約条項の文例と機能

1 データ提供契約

　本契約例は，電子機器メーカーが，部品メーカーに対して産業データを提供する契約を想定している。

　データを提供する方法としては以下の三つの法形式が考えられるが，本契約例では，提供データの「利用許諾」について規定している。

「譲渡」：データの利用をコントロールできる地位を含む当該データに関する一切の権限を譲受人に移転させ，譲渡人は当該データに関する一切の権限を失うこと。データは無体物であり民法上の所有権の対象にはならないので，データの所有権を移転させるという意味でのデータの譲渡は観念できない。

「利用許諾」：提供データに関する利用権限を保持したまま，ライセンサーが保持するデータの利用権限を一定の範囲でライセンシーに与えること。

「共同利用」：甲が保持するデータについて契約によってその利用権限の全部または一部を乙に与え，他方，乙が保持するデータについて契約によってその利用権限の全部または一部を甲に与えること。契約当事者が三者以上の場合でも同様である。

　ここで，「譲渡」「利用許諾」「共同利用」の対象となる「利用権限」とは，データの利用・保有・管理に係る権利，複製を求める権利，販売・権利付与に対する対価を求める権利，消去・開示・訂正等・利用停止を求める権利等の契約に基づいて発生する権利を自由に行使できる権限のことを意味する。

　なお，本契約例では，提供されるデータには個人情報が含まれないことを想定している。個人情報が含まれる場合は，個人情報を含んだ提供データについて個人情報保護法に規定された手続を履践していることを保証する旨の条項や個人情報を含んだ提供データの管理措置を

義務づける旨の条項等を設けることが必要となる。

　経済産業省は，平成30年6月に「AI・データの利用に関する契約ガイドライン―データ編―」を公表した。同ガイドラインは，データの利用に関する契約を，「データ提供型」「データ創出型」「データ共用型（プラットフォーム型）」という三つの類型に分類している。データ提供契約を作成するにあたっては，同ガイドラインの「データ提供型契約のモデル契約書案」が参考となる。

データ提供契約書

　東京都千代田区○○1-1-1　ARAKI機械株式会社（以下「甲」という。）と東京都中央区○○3-3-3　FJT部品株式会社（以下「乙」という。）とは，以下のとおり，データ提供契約を締結する。

第1条（定義）
本契約において，次に掲げる語は次の定義による。
① 「提供データ」とは，本契約に基づき，甲が乙に対し提供する，甲が利用権限を有するデータであって，別紙に詳細を定めるものをいう。
② 「本目的」とは，乙が，○○することをいう。
③ 「派生データ」とは，乙が，提供データを加工，編集，分析，統合等することによって新たに生じたデータをいう。

コメント

　　本条は，用語の定義を規定している。
　　取引の対象となる提供データの対象・項目・件数等の提供データの詳細については，別紙を用いる等して明確に契約で定めることが重要である。
　　取引の対象となる提供データの詳細を明確に定めておかないと，データ受領者は想定していたデータとは異なるデータの提供しか受けられず，提供データを利用したビジネスを実現できず，契約目的（データの提供を受ける目的）を達成することができないおそれがある。

第2条(提供データの提供方法)
　甲は,本契約の有効期間中,乙に対して別紙に定める仕様のデータを,別紙に定める提供方法で提供する。

> **コメント**
> 　本条は,提供データを提供するための方法について規定している。
> 　スムーズかつ安定的にデータを提供するためには,提供データの提供方法について契約で定めておくことが重要である。
> 　たとえば,提供データの提供形式(紙,電子ファイル,ファイル形式),提供データの提供手段(電子メールで送付,サーバからのダウンロード,サーバへのアクセス権の付与)等を定めておくことが考えらえる。

第3条(提供データの利用許諾)
1　甲は,乙に対して,本契約の有効期間中,本目的の範囲内でのみ提供データを利用することを許諾する。
2　乙は,本契約で明示的に規定されるものを除き,提供データについて開示,内容の訂正,追加または削除,利用の停止,消去および提供の停止を行うことのできる権限を有しない。
3　乙は,甲の書面による事前の承諾のない限り,本目的以外の目的で提供データを改変,加工,分析その他の利用をしてはならず,提供データを第三者(乙の子会社,関連会社は除く)に開示,提供,漏えいしてはならない。
4　提供データに関する知的財産権(データベースの著作物に関する権利を含むが,これに限らない)は,甲に帰属する。ただし,提供データのうち,第三者に知的財産権が帰属するものはこの限りではない。

> **コメント**
> 　上記のように,データを提供する方法としては,「譲渡」「利用許諾」「共同利用」の三つの法形式が考えられるが,本条1項は,提供データの「利用許諾」について規定している。
> 　データ受領者としては,提供データを独占的に利用したい場合は,「独

占的に利用することを許諾する」というように独占的な利用許諾である旨を規定することが考えられる。独占的な利用許諾とする場合，データ提供者自身による提供データの利用も禁止するか否かを明記しておくことが望ましい。

提供データは，データベースの著作権・営業秘密・意匠権といった知的財産権の対象となっている可能性があるので，本条4項は，提供データの利用許諾に伴い，知的財産権の帰属が変更されないことを確認的に規定している。

第4条（対価・支払条件）

1　乙は，提供データの利用許諾に対する対価として，甲に対し，別紙の1単位あたり月額〇〇円を支払うものとする。
2　甲は，毎月月末に乙が利用している単位数を集計し，翌月〇日までに，乙に対して，書面でその単位数に応じた利用許諾の対価を通知するものとする。
3　乙は，本契約期間中，前項で通知された金額に消費税額および地方消費税額を加算した金額を，前項の通知を受領した日が属する月の末日までに甲が指定する銀行口座に振込送金の方法によって支払うものとする。なお，振込手数料は乙の負担とする。

▶コメント

本条は，データ提供の対価および支払い条件について規定している。

データ提供の対価の算定方法としては，①従量課金方式，②固定料金方式，③売上げの配分方式等が考えられるが，本条は①従量課金方式について規定している。

①従量課金方式とは，サービスを利用した量に応じて対価を算定する方式であり，対価算定の基礎となる単位を契約で定めておく必要がある。単位数としては，データの数量，データの容量，アカウント数，ソフトウェアのライセンスの数，APIのコール数等が考えられる。

本条2項は，データ受領者が利用している単位数に応じた利用許諾の対価をデータ提供者が書面で通知することを規定している。従量課金方式の場合，データ受領者からすると対価算出の根拠が不明確になるおそれがあ

るので、データ受領者としては、対価算出の根拠が明確となるように規定しておくことが重要である。

第5条（保証）
1　甲は、提供データが、適法かつ適切な方法によって取得されたものであることを表明し、保証する。
2　甲は、提供データの正確性、完全性、安全性、有効性（本目的への適合性）、提供データが第三者の知的財産権その他の権利を侵害しないことを保証しない。

コメント

　　本条は、提供データの品質についてのデータ提供者の保証について規定している。
　　データ提供者がデータの品質について保証するか否か、どこまで保証するかは契約交渉の重要なポイントである。
　　提供データが不正確である（時間軸がずれている、単位変換を誤っている等）、不完全である（データが全て揃っていない等）、有効ではない（契約目的への適合性がない）、提供データがウイルスに感染しており安全ではない、第三者の知的財産権を侵害しているといったように、提供データの品質に問題があった場合、データ受領者が契約の目的を達成できない可能性がある。
　　そのような場合、データ受領者としては、データ提供者に対して提供データの品質について法的責任を追及するということが考えられる。データ提供者が、どの範囲でデータの品質について責任を負うのかを契約で明確にしておくことが重要である。

第6条（責任の制限等）
1　甲は、乙による提供データの利用に関連する、または提供データの乙の利用に基づき生じた発明、考案、創作および営業秘密等に関する知的財産権の乙による利用に関連する一切の請求、損失、損害または費用（合理的な弁護士費用を含み、特許権侵害、意匠権侵害、その他これらに類する侵害を含むがこれに限らない。）に関し責任を負わない。

2 乙は，提供データの利用に起因または関連して第三者との間で紛争，クレームまたは請求（以下「紛争等」という。）が生じた場合には，直ちに甲に対して書面により通知するものとし，かつ，自己の責任および費用負担において，当該紛争等を解決する。甲は，当該紛争等に合理的な範囲で協力するものとする。

3 乙は，前項に定める紛争等に起因または関連して甲が損害，損失または費用（合理的な弁護士費用を含み，以下「損害等」という。）を被った場合（ただし，当該紛争等が甲の帰責事由に基づく場合を除く。），甲に対して，当該損害等を補償する。

> **コメント**
>
> 　本条は，提供データの利用に関連して生じた紛争等の対応責任について規定している。
>
> 　本条第1項および第2項は，乙による提供データの利用に関連する紛争等または提供データの乙の利用に基づき生じた知的財産権の乙による利用に関連する紛争等を，データ受領者の責任と費用負担で解決することを規定している。
>
> 　また，本条第3項は，提供データに起因または関連して生じた紛争においてデータ提供者に損害が生じた場合，データ受領者がデータ提供者の損害を補償する義務を負うことを規定している。
>
> 　提供データの利用に関連して生じた紛争等について，データ提供者とデータ受領者のいずれが責任を負うかは契約交渉の重要なポイントである。

第7条（報告・監査）

1 甲は，乙に対し，乙による提供データの利用が本契約の条件に適合しているか否かを検証するために必要な利用状況の報告を求めることができる。

2 甲は，合理的な理由により，前項に基づく報告が提供データの利用状況を検証するのに十分ではないと判断した場合，○営業日前の書面による事前通知を条件に，1年に1回を限度として，乙の営業所において，

乙による提供データの利用状況の監査を実施することができる。この場合，甲は，乙の情報セキュリティに関する規程その他の乙が別途定める社内規程を遵守しなければならない。
3　前項による監査の結果，乙が本契約に違反して提供データを利用していたことが発覚した場合，乙は，甲に対し，甲が監査に要した費用および提供データの利用に係る追加の対価を支払わなければならない。

> **コメント**
>
> 　本条は，提供データの利用条件の遵守についての報告および監査について規定している。
> 　本条1項は，データ提供者がデータ受領者に対して利用状況の報告を求めることができる旨を規定し，本条2項は，その報告では提供データの利用状況を検証できないとデータ提供者が合理的に判断した場合には，提供データの利用状況を監査することができる旨を規定している。
> 　データ提供者としては，データ受領者による提供データの漏えいや目的外利用のおそれ等がある場合に，速やかにデータ受領者の提供データの利用状況を確認することができるようにしておくことが重要である。

第8条（提供データの管理）
1　乙は，提供データを他の情報と明確に区別し，善良な管理者の注意をもって管理・保管しなければならず，適切な管理手段を用いて，自己の営業秘密と同等以上の管理措置を講ずるものとする。
2　甲は，提供データの管理状況について，乙に対していつでも書面による報告を求めることができる。この場合において，提供データの漏えいまたは喪失のおそれがあると甲が判断した場合，甲は，乙に対して提供データの管理方法・保管方法の是正を求めることができる。
3　前項の報告または是正の要求がなされた場合，乙は速やかにこれに応じなければならない。

> **コメント**
>
> 　本条1項は，提供データについての善管注意義務と区分管理について規定している。
>
> 　データ提供者から受領した提供データと，データ受領者自身が保有していたデータとが混在してしまうことを防ぐ必要があるので，受領した提供データと他のデータとを区別して管理・保管することをデータ受領者に義務づけておくことが重要である。
>
> 　本条2項は，データ提供者がデータ受領者に対して，提供データの管理状況について書面で報告を求めることができることを規定している。データ提供者としては，データ受領者による提供データの管理が契約に沿って適切に行われているかを確認することは困難であるから，データ受領者に対して，提供データの管理状況について書面で報告を求めることができるように規定しておくことが重要である。
>
> 　また，データ提供者としては，提供データの漏えいまたは喪失のおそれがあると判断した場合に，提供データの管理方法の是正を求めることができること，データ受領者が速やかに是正要求に応じなければならないことを規定しておくことも重要である。
>
> 　データ提供者としては，データ受領者が提供データを第三者に開示しまたは利用させることを認める場合，受領者と同等の管理義務を当該第三者に課したうえでその義務を遵守させ，かつ当該第三者においてその義務の違反があった場合には，データ受領者による義務の違反として，データ提供者に対して直接責任を負うといった規定を設けることが重要である。

第9条（損害軽減義務）

1　乙は，提供データの漏えい，喪失，第三者提供，目的外利用等本契約に違反する提供データの利用（以下，「提供データの漏えい等」という。）を発見した場合，甲に対して，直ちにその旨を通知しなければならない。

2　乙の故意または過失により，提供データの漏えい等が生じた場合，乙は，自己の費用と責任において，提供データの漏えい等の事実の有無を確認し，提供データの漏えい等の事実が確認できた場合は，その原因を調査し，再発防止策について検討しその内容を甲に報告しなければならない。

> **コメント**

　本条は，損害軽減義務について規定している。

　本条第1項は，データ漏えい等をデータ受領者が発見した際に，直ちにデータ提供者に通知する義務を規定しており，本条第2項は，データ受領者の故意・過失により提供データの漏えい等が生じた場合に，データ受領者の費用と責任において，原因調査・再発防止策について検討し，その内容をデータ提供者に報告する義務を規定している。

　提供データの漏えい，喪失，目的外利用等の本契約に違反するデータの利用が生じた場合，速やかに適切な対応をしなければ被害が拡大していくおそれがあるので，データ提供者としては，データ漏えい等の状況を速やかに把握することができるように規定しておくことが重要である。

第10条（秘密保持義務）

1　甲および乙は，本契約を通じて知り得た，相手方が開示にあたり，書面・口頭・その他の方法を問わず，秘密情報であることを表明した上で開示した情報（以下「秘密情報」という。ただし，提供データは本条における「秘密情報」には含まれない。）を，本契約の有効期間中および本契約終了後○年間厳に秘密として保持し，相手方の書面による事前の承諾なしに第三者に開示，提供，漏えいし，また，本契約に基づく権利の行使または義務の履行以外の目的で利用してはならない。ただし，法令上の強制力を伴う開示請求が公的機関よりなされた場合は，その請求に応じる限りにおいて，開示者への速やかな通知を行うことを条件として開示することができる。

2　前項の規定にかかわらず，次の各号のいずれかに該当する情報は，秘密情報にあたらないものとする。

① 開示の時点で既に被開示者が保有していた情報
② 秘密情報によらず被開示者が独自に生成した情報
③ 開示の時点で公知の情報
④ 開示後に被開示者の責に帰すべき事由によらずに公知となった情報
⑤ 正当な権利を有する第三者から秘密保持義務を負うことなく開示された情報

3　甲および乙は，本契約に基づく権利の行使または義務の履行のために必要な範囲内に限り，本条第1項に基づく秘密保持義務を遵守させることを前提に，自らの役職員または法律上守秘義務を負った自らの弁護士，会計士，税理士等に対して秘密情報を開示することができる。
4　本条に基づく義務は，本契約が終了した後も○年間存続する。

コメント

本条は，秘密保持義務について規定している。

本条第1項では，書面に限らず口頭等によって提供された情報も，秘密情報であることが表明される限りは「秘密情報」としているが，秘密情報の範囲を明確にするために「書面に秘密であることが表示されたもの」と規定する場合もある。秘密情報であることを積極的に表明しなくても，広く秘密情報の定義に含める場合もある。

なお，提供データについては，本条第1項における秘密表示の有無にかかわらず，本契約書第8条により，データ受領者は適切に管理しなければならない義務を負うことになる。

第11条（派生データ等の取扱い）
1　派生データに関しては，当事者間で別途合意した場合を除き，乙のみが一切の利用権限を有する。
2　乙による提供データの利用に基づき生じた発明，考案，創作および営業秘密等に関する知的財産権は，乙に帰属する。

コメント

本条は，派生データの利用権限の帰属および提供データの利用に基づき生じた知的財産権の帰属について規定している。

これらの利用権限および知的財産権の帰属は，法律上当然には定まらなかったり，一義的に明確とはならなかったりするので，契約においてその点を明らかにしておくことが望ましい。

本条は，データ提供者に派生データの利用権限を認めない形となっているが，データ提供者に派生データの利用を許諾する形や派生データの利用権限の有無について，契約書では明示せずに別途協議で定める形も考えら

れる。

> **第12条（有効期間）**
> 　本契約の有効期間は，契約締結日から〇年間とする。ただし，契約の有効期間満了の〇ヵ月前までに甲または乙から書面による契約終了の申出がないときは，本契約と同一の条件でさらに〇年間継続するものとし，以後も同様とする。

コメント
　　本条は，本契約の有効期間および一方当事者からの申出がない限り自動更新がなされる旨を規定している。

> **第13条（不可抗力免責）**
> 　本契約の契約期間中において，天災地変，戦争，暴動，内乱，自然災害その他の不可抗力，停電，通信設備の事故，サービスの提供の停止または緊急メンテナンス，法令の制定改廃その他甲および乙の責めに帰すことができない事由よる本契約の全部または一部の履行遅滞または履行不能については，甲および乙は責任を負わない。

コメント
　　本条は，当事者の責めに帰すことができない事由による履行遅滞または履行不能については，当事者は責任を負わない旨を規定している。とくに，IT系のサービスに影響を与え得る停電，通信設備の事故，サービス提供の停止または緊急メンテナンス等も明示的に不可抗力事由として規定しておくことが望ましい。

> **第14条（解除）**
> 1　甲および乙は，相手方が本契約に定める義務を履行しない場合，相手方にその履行を催告し，当該不履行が，催告後〇日以内に是正されない場合，本契約を解除することができる。
> 2　乙が，次のいずれかに該当したときは，甲はなんらの通知および催告を要せず，直ちに本契約を解除できるものとする。

- (1) 手形または小切手が不渡りとなったとき
- (2) 電子記録債権について支払不能が発生したとき
- (3) 重要な資産につき差押え，仮差押えまたは競売の申立てがあったとき
- (4) 租税滞納処分を受けたとき
- (5) 破産手続開始，民事再生手続開始または会社更生手続開始の申立てがあったとき
- (6) 清算に入ったとき
- (7) 解散を決議し，または解散したとき
- (8) (1)～(7)のほか，その財産状態が悪化し，またはその信用状態に著しい変化が生じたとき

> **コメント**
>
> 　本条第1項は，相手方が義務を履行しない場合の催告解除について規定している。催告を要せず無催告解除を可能とする旨を規定することも考えられる。
>
> 　本条第2項は，データ受領者の財産状態が悪化した場合等の無催告解除を規定している。提供データの利用許諾に対する対価の支払いを確保するため，財産状態が悪化した場合の解除を規定しておくことが重要である。
>
> 　また，データ提供者としては，企業再編によって提供データが流出しないように，企業再編が行われた場合の無催告解除を規定しておくことも考えられる。
>
> 　なお，平成29年の民法改正によって，債務者の帰責事由は解除の要件ではなくなる一方（改正民法541条等参照），債務不履行が債権者の帰責事由による場合には，債権者の解除が認められないこととなった（改正民法543条）。
>
> 　債務者側としては，契約の拘束力を強くしたい場合は債務者の帰責事由を解除要件に組み込む対応が考えられる一方，債権者側としては双方に帰責事由がある場合も契約の拘束力から解放されるように契約条項に組み込むなどの対応が考えられる。

第15条（契約終了後の措置）

1　乙は，本契約の終了後，理由の如何を問わず，提供データを利用してはならず，甲が別途指示する方法で，速やかに受領済みの提供データ（複製物を含む）を全て廃棄または消去しなければならない。
2　甲は，乙に対し，データが全て消去されたことを証する書面の提出を求めることができる。

> **コメント**
>
> 　本条は，本契約が終了した後の措置について規定している。
> 　契約が終了した際には，提供されたデータの取扱いについて問題が生じることが多いので，明確に規定しておくことが重要である。提供データが廃棄・消去されたことをデータ提供者が外部から確認することは困難であるから，データ提供者としては，データ受領者に対して提供データを消去したことを証明する書類の提出を求めることができる旨を規定しておくことが望ましい。

第16条（反社会的勢力の排除）

1　甲および乙は，現在，暴力団，暴力団員，暴力団準構成員，暴力団関係企業，総会屋，社会運動等標榜ゴロまたは特殊知能暴力集団等，その他これに準ずる者（以下「反社会的勢力」という。）のいずれでもなく，また，反社会的勢力が経営に実質的に関与している法人等に属する者ではないことを表明し，かつ将来にわたっても該当しないことを確約する。
2　甲または乙は，相手方が次の各号のいずれかに該当する場合，何らの催告をすることなく契約を解除することができ，相手方に損害が生じてもこれを賠償することを要しない。
　① 反社会的勢力に該当すると認められるとき
　② 相手方の経営に反社会的勢力が実質的に関与していると認められるとき
　③ 相手方が反社会的勢力を利用していると認められるとき
　④ 相手方が反社会的勢力に対して資金等を提供し，または便宜を供与するなどの関与をしていると認められるとき

⑤ 相手方または相手方の役員もしくは相手方の経営に実質的に関与している者が反社会的勢力と社会的に非難されるべき関係を有しているとき
⑥ 自らまたは第三者を利用して，暴力的な要求行為，法的な責任を超えた不当な要求行為，脅迫的な言動，暴力および風説の流布・偽計・威力を用いた信用棄損・業務妨害その他これらに準ずる行為に及んだとき

> **コメント**
>
> 本条は，反社会的勢力の排除について規定している。
> 今日，反社会的勢力との交際発覚が非常に強い社会的非難を招き得ることから，企業のリスク管理にとって，暴力団との関係遮断は避けては通れない課題といえる。そこで，本条のように規定しておくことが重要である。
> 本条第2項は，反社会的勢力に該当すると認められる場合には，無催告解除をすることができる旨を規定している。なお，東京都暴力団排除条例18条2項1号は，「契約の相手方又は代理若しくは媒介をする者が暴力団関係者であることが判明した場合には，当該事業者は催告することなく当該事業に係る契約を解除することができる」旨を定めるよう努めることを規定している。

第17条（残存条項）

本契約終了後も，第3条第2項および3項（受領者の義務），第6条（責任の制限等），第10条（秘密保持義務），第11条（派生データ等の取扱い），第14条（解除），第15条（契約終了後の措置），第16条（反社会的勢力の排除），本条（残存条項），第18条（権利義務の譲渡の禁止），第20条（準拠法），第21条（紛争解決）は有効に存続する。

> **コメント**
>
> 本条は，本契約終了後も，一定の条項については有効に存続する旨を規定している。

第18条（権利義務の譲渡禁止）
　甲および乙は，相手方の事前の書面による同意なくして，本契約上の地位あるいは本契約から生じる権利義務の全部または一部を，第三者に承継させ，または担保に供してはならない。

コメント

　本条は，本契約上の地位または本契約から生じる権利義務を第三者に承継させる場合に，相手方の同意を要することを規定している。

　なお，平成29年の民法改正によって，譲渡禁止特約に反する債権の譲渡が有効となるほか，契約上の地位の移転が明文化されるなどしている。契約または債権債務の譲渡が行われた場合には，契約を解除することができる旨の条項を入れるなどの対応が必要であろう。

第19条（裁判管轄・準拠法）
1　本契約に関する訴えは，甲の本店所在地を管轄する地方裁判所を第一審の専属管轄裁判所とする。
2　本契約の成立および効力，ならびに本契約に関して発生する問題の解釈および履行等については，日本国の法律に準拠するものとする。

コメント

　本条第1項は，裁判管轄について規定している。このような合意がない場合，一般的には被告の所在地（民事訴訟法4条），不法行為地（民事訴訟法5条9号）のほか，財産権上の訴えであれば義務履行地（民事訴訟法5条1号）が管轄裁判所となる。

　本条第2項は，準拠法について規定している。契約上準拠法を定めない場合には，法廷地の国際私法により決まるが，いずれの国の法律が適用になるか争われる場合もあり，また予測可能性という観点からも，あらかじめ合意しておくことが望ましい。

第20条（協議）
　本契約に定めのない事項および本契約の解釈につき疑義の生じた事項については，甲乙誠意を持って協議し，友好的解決を図るものとする。

> **コメント**
> 　本条は契約に定めのない事項等について協議すべきことを規定している。一般に特別の法的効果はないと考えられているが，日本の実務上は規定されることが少なくない。

別　紙

1　提供データの詳細
　（1）　対象
　　　…に関する…のデータ
　（2）　項目
　（3）　件数・単位
　　　提供データは，○件を1単位とする。
　（4）　データの更新頻度
　　　甲は1年に数回の頻度でデータの更新を実施
　（5）　その他
2　提供データの提供方法
　　甲は，本契約の有効期間中，（ファイル形式）の電子ファイルを甲のサーバにアップロードし，乙が適宜当該サーバから当該電子ファイルをダウンロードする方法により提供する。

2 匿名加工情報利用許諾契約

　本契約例は，不特定多数人の買物情報を有するクレジットカード会社と，自社のマーケティングや商品開発などに消費者の買物情報を利用したい会社とが，クレジットカード会社の有する不特定多数人の買物情報を匿名加工情報に加工したものの利用許諾を受けることとする内容を想定している。

　匿名加工情報とは，平成29（2017）年5月30日に施行された改正個人情報保護法（以下「改正個人情報保護法」という）に新たに規定されたもので，特定の個人を識別することができないように加工された個人情報である。一定の条件の下で，ビッグデータをはじめとするパーソナルデータの自由な利活用を認めることにより，新産業・新サービスが創出できる環境を整えるために規定された。

　改正個人情報保護法が施行された後も，「個人情報」を第三者に移転するためには原則として本人の同意が必要である。一方で，「匿名加工情報」は第三者へ移転する際に本人の同意は必要でない。そのため，個人を特定することができる「個人情報」を使う必要がなく，匿名化された「匿名加工情報」でデータを利用する目的を達成することができる場合には，「個人情報」ではなく「匿名加工情報」の取引が行われることが想定される。「匿名加工情報」は個人情報保護法上，「個人情報」と比較して管理が容易であるというメリットもある。

　また，これまでは，同一の企業グループ内であっても別法人である場合，「個人情報」の提供には一定の制限があり（改正個人情報保護法23条5項3号），たとえば，ある鉄道会社が子会社あるいはグループ会社のデパート運営会社に対し，鉄道事業で得た個人情報をデパート運営会社のマーケティング等のために提供しようとしても，必ずしも容易に提供できる環境にはなかった。

しかし，改正個人情報保護法の施行により，鉄道会社が鉄道事業で得た個人情報を匿名加工情報に加工することにより，同一企業グループ内のデパート運営会社に対し容易に提供することが可能となろう。

ここで取り扱うのは匿名加工情報利用許諾契約であり，匿名加工情報の使用・収益・処分の権限はライセンサーに残る。一方で，匿名加工情報の使用・収益・処分の権限を移転させる契約もありうる。

その場合，有体物の契約でいうところの売買契約となるが，データは所有権の対象とはならないため所有権の移転が観念できないことに留意する必要がある。

したがって，匿名加工情報の使用・収益・処分の権限を移転させる契約においては，民法の売買契約の規定を参考にしつつ，契約において詳細に規定することが望ましい。その際参考になるのは，売買契約のほかに，知的財産権等のライセンス契約が参考となろう。これは，匿名加工情報だけではなく，所有権が観念できないデータ一般に当てはまる。

なお，データの使用・収益・処分の権限については，データの出所との関係で問題が生じることが多い。たとえば，工作機械に設置したセンサーから取得した情報については，工作機械を使用している企業がデータの使用・収益・処分の権限を主張することが多いであろう。

また，個人データについては，個人情報の出所である本人に，訂正等を求める権利が認められている（改正個人情報保護法29条1項）。また，個人情報は利用目的の達成のために必要な範囲でのみ利用できる（改正個人情報保護法16条1項）。そのため，個人データに関する契約については，「使用・収益・処分」の権限とはいっても，一定の制約を受けることとなる点に留意しなければならない。

国際的な取引を行う場合には，各国の法規制にも注意する必要がある。とくに，EU・一般データ保護規則（GDPR）は，世界的にも厳しい規制内容となっているといわれている。GDPRにはデータポータビリティー権が明記されており，十分な注意を払う必要がある。

匿名加工情報利用許諾契約書

　FUJITA信販株式会社(以下「甲」という。)および株式会社荒丸(以下「乙」という。)とは，甲から乙への匿名加工購買情報の提供に関し，以下のとおり契約（以下「本契約」という。）を締結する。

> **コメント**
> 　　契約の前文に当たる部分である。契約に至った背景ないし経緯を記載することもある。本契約書においてはライセンサーを「甲」，ライセンシーを「乙」としているが，それぞれ直接に「ライセンサー」「ライセンシー」と表記することもある。

第1条（定義）
　本契約において用いる語句の定義は，以下のとおりとする。
(1)　「匿名加工購買情報」とは，甲が保有する購買情報のうち，個人情報の保護に関する法律（平成15年法律第57号）第2条第9項の定める措置を講じて特定の個人を識別することができないように個人情報を加工して得られる個人に関する情報であって，当該個人情報を復元して特定の個人を再識別することができないようにしたもので，別紙（略）に詳細を定めるものをいう。
(2)　「本目的」とは，乙が，匿名加工購買情報を消費者動向の把握のために利用することをいう。

> **コメント**
> 　　本条は，本契約で用いる語句の定義を定めるものである。
> 　　1号は，本契約の対象となる匿名加工購買情報の定義である。
> 　　改正個人情報保護法は，匿名加工情報を作成してそれを第三者に提供するときは，当該第三者に対し，当該提供に係る情報が匿名加工情報である旨を明示しなければならないとしている点にも注意を要する（改正個人情報保護法36条4項）。
> 　　2号は，乙が匿名加工購買情報を利用する目的の定義である。本契約で

は，乙が匿名加工購買情報を本目的外で使用することを禁止しており，その目的の範囲を確定する意味を持つ。

第2条（匿名加工購買情報の利用許諾）

1　乙は，甲から提供を受けた匿名加工購買情報を，本契約期間中，本目的の範囲でのみ利用（匿名加工購買情報の複製，加工，解析および分析を含む。）することができる。
2　乙は，甲の書面による事前の承諾のない限り，匿名加工購買情報を第三者に開示，提供，漏えいし，また本目的外に利用してはならない。ただし，乙の完全子会社に対しては甲の書面による承諾なく，匿名加工購買情報を開示することができる。本契約の他のいかなる定めにかかわらず，本条は契約終了後も存続するものとする。
3　乙は，匿名加工購買情報を秘密に保持するため，匿名加工購買情報を他の情報と明確に区別して保管しなければならず，所轄官庁のガイドラインに従うとともに，その他秘密保持のために適切かつ合理的な措置を講じ，善良な管理者の注意をもって取り扱うものとし，不正アクセス，不正利用等の防止に努めるものとする。
4　乙が匿名加工購買情報を分析し，得た結果は，第三者に開示することができる。ただし，乙が匿名加工購買情報を分析し，得た結果に匿名加工購買情報が含まれる場合，乙は，甲の事前の書面による承諾なく，乙が匿名加工購買情報を分析し，得た結果を第三者に開示してはならない。

▶**コメント**

　本条は，匿名加工購買情報の利用許諾について定めたものである。
　1項は，本契約による許諾の核になる部分である。どの範囲の利用であれば許諾されるかを十分に検討する必要がある。
　2項以下では，匿名加工購買情報の開示や管理について定めている。開示については，匿名加工購買情報の利用形態により適切に定める必要がある。
　たとえば4項は，匿名加工購買情報を第三者に提供することを念頭に置いているが，第三者への開示を想定していない場合はその旨を規定するこ

ととなる。

第3条（匿名加工購買情報の提供）

甲は，本契約期間中，毎月末日までに乙に対し，以下の提供方法およびデータ形式により，匿名加工購買情報を提供する。

(1) 提供方法

電子メール添付

(2) データ形式

Excelファイル

> **コメント**
>
> 本条は，匿名加工購買情報の提供方法を定めている。
> データ形式は利用する側としては重要な項目であるので，当事者間で話し合い適切に定める必要がある。

第4条（表明保証）

甲は，乙に対し，以下の各号に定める事項につき，表明し保証する。

(1) 匿名加工購買情報が，第三者の知的財産権，その他一切の権利を侵害するものでないこと
(2) 匿名加工購買情報が，個人情報保護委員会規則で定める基準に従い作成されたこと
(3) 匿名加工購買情報にウィルスなどが混入しておらず，安全であること
(4) 匿名加工購買情報が，正確な内容であること
(5) 個人情報保護法に定められた匿名加工情報取扱事業者の義務を遵守していること

> **コメント**
>
> 本条は，いわゆる表明保証条項である。
> 表明保証条項は，ある時点における事実を表明し，保証するものであり，その効果については様々な議論がなされているところである。効果につい

て疑義を避けるため，本契約では19条にその違反の効果を定めている。

個人情報に関する一般消費者からのクレームは十分に想定される。取引の目的である情報の性質も考慮して，適切にリスク分担しておくべきである。

第5条（適法性の維持等）

1　甲は，本契約が終了した場合又は解除された場合若しくは第11条第2項に定める場合を除き，本契約期間中，乙が匿名加工購買情報を適法に利用できるよう維持しなければならない。

2　甲は，本契約締結後に，前条各号に定める事項に反することとなった場合，速やかに前条各号に定める事項に適合するよう対応しなければならない。

コメント

本条は，匿名加工情報の適法性および契約締結後における表明保証条項に定める事項についての遵守について定めている。

第6条（対応責任）

1　甲は，乙による匿名加工購買情報の利用に関連して生じた，第三者によるクレームや請求について，甲の費用と責任で解決するものとする。また，当該クレームや請求への対応に関連して乙に費用が発生した場合又は賠償金等の支払いを行った場合，甲は当該費用および賠償金等を負担するものとする。

2　前項の定めにかかわらず，乙は，乙による本契約に違反する態様での匿名加工購買情報の利用に関連して生じた，第三者によるクレームや請求について，乙の費用と責任で解決するものとする。また，当該クレームや請求への対応に関連して甲に費用が発生した場合又は賠償金等の支払いを行った場合，乙は当該費用及び賠償金等を負担するものとする。

コメント

本条は，匿名加工購買情報に対する第三者からの請求等に対する甲およ

び乙の対応責任等について定めている。
　　1項では，原則として甲が責任を負うことを定め，2項では，乙に原因がある場合には，乙が責任を負うことを定めている。

第7条（利用状況）

1　甲は，乙に対し，乙による匿名加工購買情報の利用が本契約の条件に適合しているか否かを検証するために必要な利用状況の報告を求めることができるものとする。

2　甲は，合理的な基準により，前項に基づく報告が匿名加工購買情報の利用状況を検証するのに十分ではないと判断した場合，14営業日前に書面による事前通知をすることを条件に，1年に1回を限度として，乙の営業所において，乙による匿名加工購買情報の利用状況の監査を実施することができるものとする。この場合，甲は，乙の情報セキュリティに関する規程その他の乙が別途定める社内規程を遵守するものとする。

3　前項による監査の結果，乙が本契約に違反して匿名加工購買情報を利用していたことが発覚した場合，乙は甲に対し監査に要した費用およびデータ利用に係る追加の対価を支払うものとする。

コメント

　　本条は，乙による匿名加工購買情報の利用状況についての報告や監査，違反の場合の措置について定めたものである。
　　2項に定める甲による監査は，甲の会社の規模次第では実施ができない場合もあるため，1項の報告のみを定めることも考えられる。

第8条（管理状況）

1　甲は，匿名加工購買情報の管理状況について，乙に対していつでも書面による報告を求めることができる。この場合において，匿名加工購買情報の漏えい等のおそれがあると甲が判断した場合，甲は，乙に対して匿名加工購買情報の管理方法の是正を求めることができる。

2 前項の是正の要求がなされた場合，乙は速やかにこれに応じなければならない。

> **コメント**
> 　本条は，匿名加工購買情報の管理状況についての定めである。
> 　匿名加工購買情報を受け取る乙は，個人情報保護法上，匿名加工情報取扱事業者に該当するため，安全管理措置等を講じる義務（努力義務）がある。
> 　管理状況の報告はこのような安全管理措置の観点から，なされなければならないと解されよう。

第9条（損害軽減義務）
1 乙は，匿名加工購買情報の漏えい等を発見した場合，直ちに甲にその旨を通知しなければならない。
2 乙の故意又は過失により，匿名加工購買情報の漏えい等が生じた場合，乙は，甲の損害を最小限にとどめるために必要な措置を自己の費用と責任で講じなければならない。

> **コメント**
> 　本条は，匿名加工購買情報が漏えいした場合の乙の義務を定めている。
> 　ここでは，「甲の損害を最小限にとどめるために必要な措置」について具体的に定められてはいないが，流出原因の特定やメディアへの対応のほか匿名加工情報の利用の中止が必要となる場合もあり得よう。これら具体的な措置について条項に定めてもよい。

第10条（第三者による無断利用）
　第三者が，甲の許諾を得ることなく匿名加工購買情報その他これに関連する情報を利用している場合，甲は当該第三者に対し匿名加工購買情報の差止の請求その他適切な措置を講じなければならない。

> **コメント**
> 　第三者により無断で匿名加工購買情報が利用されていた場合，とくに乙に独占的な許諾が与えられている場合には，乙に大きな不利益が生じる可

能性がある一方，乙は単独で当該無断使用している第三者に対し差止請求その他の措置を講じることは難しいと解される。

本条はかかる場合に，甲の差止その他の請求を義務づけるものである。

ただし，データは所有権の対象ではないため，物権的請求権に基づく差止請求は困難と考えられ，どのような方法による差止めが可能か検討する必要がある。

この点，平成30年5月に不正競争防止法が改正され，相手方を限定して業として提供するデータ（ID／パスワード等の電磁的方法により管理されているものに限る。）の不正な取得，使用および開示を不正競争に位置づけ，これに対する差止請求権等の民事上の措置が設けられた。

第11条（匿名加工購買情報の廃棄）

1　本契約が，終了した場合又は解除された場合，乙は速やかに匿名加工購買情報を廃棄又は消去しなければならない。ただし，乙が匿名加工購買情報を分析し，得た結果および当該結果から分離することができない匿名加工購買情報は除く。
2　本契約の期間内であっても，乙は，甲から請求のあったときは，直ちに匿名加工購買情報を廃棄又は消去しなければならない。ただし，乙が匿名加工購買情報を分析し，得た結果および当該結果から分離することができない匿名加工購買情報は除く。
3　前項の請求により乙に損害が発生した場合，甲はその損害（逸失利益を含む。）を賠償しなければならない。

コメント

本条は，匿名加工購買情報の廃棄について定めている。

1項は，本契約の終了または解除の場合の廃棄について定めている。

ただし書以下では，その例外を定めており，ここでは，分析結果および分析結果から分離できない匿名加工購買情報を除くこととしているが，分析結果から分離できない匿名加工情報などについては削除しなければならないとすることも考えられる。

2項は，甲による一方的な匿名加工購買情報の廃棄請求の定めである。これを認める代わりに，3項において甲による損害賠償義務を定めている。

第12条（対価）

1　乙は，第3条に基づく匿名加工購買情報提供の対価として，甲に対し，月額金〇〇円（税別）を支払うものとする。
2　乙は，本契約期間中，前項に定める金額に消費税および地方消費税相当額を加算した金額を，匿名加工購買情報受領月の翌月末日までに，甲指定の銀行口座へ振り込み支払うものとする。なお，振込手数料は乙の負担とする。

コメント

　本条は匿名加工購買情報の利用の対価を定めている。
　一般にライセンス契約では，1回限りの定額ロイヤルティやミニマムロイヤルティ，ランニングロイヤルティなどのライセンスフィーの定め方があるが，匿名加工購買情報の場合は契約期間中，随時最新の情報にアップデートする必要がある。そのため，ライセンス期間ごとに定額を支払う方法が適切なことが多いように思われる。
　なお，平成29年民法改正によって，振込による弁済の効力について明文化された。銀行振込による支払について，とくに規定していなくとも銀行振込による弁済が有効と解される余地があり，銀行振込による弁済を禁止したいのであれば，その旨規定しておくほうが安全である。

第13条（知的財産権等）

1　匿名加工購買情報に関する甲の知的財産権は，乙には移転しないものとする。
2　乙が匿名加工購買情報を分析し，得た結果についての知的財産権は，乙に帰属する。ただし，乙が匿名加工購買情報を分析し，得た結果に匿名加工購買情報が含まれる場合，匿名加工購買情報に関する知的財産権は，なお甲に帰属する。

コメント

　本条は，匿名加工購買情報に関する知的財産権について定めている。
　匿名加工購買情報自体に著作権が発生することは考えにくいが，情報の並べ替え方などによっては匿名加工購買情報全体で編集著作物となる場合

も考えられる。

そのため，1項では匿名加工購買情報の知的財産権が甲にあることを確認している。

2項は，分析結果についての知的財産権の帰属について定めている。

第14条（残存条項）

本契約終了後も，第6条（対応責任），本条，第15条（権利義務等の譲渡禁止），第16条（秘密保持義務），第21条（別途協議），第22条（合意管轄）は有効に存続する。

コメント

本条は，本契約終了後も当事者間で有効な条項を定めたものである。

第15条（権利義務等の譲渡禁止）

甲又は乙は，相手方の書面による事前の承諾のない限り，本契約上の地位および本契約によって生じる権利義務の全部又は一部を第三者に譲渡し，又は担保に供してはならない。

コメント

本条は，契約上の権利義務の譲渡の禁止を定めた条項である。

なお，平成29年の民法改正によって，譲渡禁止特約に反する債権の譲渡が有効となる（改正民法466条）ほか，契約上の地位の移転が明文化される（改正民法539条の2）などしている。契約または債権債務の譲渡が行われた場合には，契約を解除することができる旨の条項を入れるなどの対応が必要であろう。

第16条（秘密保持義務）

1 甲および乙は，本契約を通じて知りえた，相手方が開示にあたり，書面・口頭・その他方法を問わず，秘密情報であることを表明したうえで開示した情報（以下「秘密情報」という。）を，本契約の有効期間中および本契約終了後3年間厳に秘密として保持し，相手方の書面による事前の承諾なしに第三者に開示，提供，漏えいし，また本契約の履行以外

の目的に使用してはならない。ただし，法令上の強制力を伴う開示請求が公的機関よりなされた場合は，その請求に応じる限りにおいて，開示者への速やかな通知を行うことを条件として開示することができる。
2　前項の規定にかかわらず，次の各号の一に該当する情報は，秘密情報に当たらないものとする。
(1)　開示の時点で既に被開示者が保有していた情報
(2)　秘密情報によらず被開示者が独自に生成した情報
(3)　開示の時点で公知の情報
(4)　開示後に被開示者の責めに帰すべき事由によらずに公知となった情報
(5)　正当な権利を有する第三者から秘密保持義務を負うことなく開示された情報

> [!NOTE] コメント
> 本条は，両当事者の秘密保持義務について定めたものであり，一般的な内容となっている。

第17条（有効期間）

本契約の有効期間は，20○○年○月○日から20○○年○月○日までとする。前項の定めにかかわらず，期間満了の１ヶ月前までに，いずれかの当事者より期間満了日をもって本契約を終了する旨の書面による通知がなされない限り本契約は自動的に１年間更新するものとし，以後も同様とする。

> [!NOTE] コメント
> 本条は，契約の有効期間を定めた条項である。
> 原則自動更新としているが，両当事者が同意しない限り更新しないとすることもありうるところである。

第18条（解除，期限の利益喪失等）

甲又は乙は，相手方が次の各号の一に該当する場合，何らの通知，催告なしに，直ちに本契約の全部又は一部につき，何らの責任を負うことなく，

その債務の履行を停止し，又は解除することができる。
(1) 本契約に定める義務の全部又は一部に違反したとき
(2) 財産又は信用状態の悪化等により，差押え，仮差押え，仮処分，強制執行もしくは競売の申立てがなされ，又は租税公課を滞納し督促を受けたとき
(3) 破産手続開始，民事再生手続開始，会社更生手続開始，特別清算開始その他法的倒産手続開始の申立てがあったとき，解散（又は法令に基づく解散も含む。），清算もしくは私的整理の手続に入ったとき
(4) 手形もしくは小切手を不渡とし，その他支払不能又は支払停止となったとき
(5) 自ら又は自らの役員（業務を執行する社員，取締役，執行役又はこれらに準ずる者をいう。）が，暴力団，暴力団関係企業，総会屋もしくはこれらに準ずる者又はその構成員であることが判明したとき

コメント

　　本条は，本契約の解除について定めたものであり，無催告解除が可能となっている。
　　内容は一般的なものであるが，(1)の契約違反については，催告の上相当期間内に是正がなされなかった場合に解除可能とすることも多い。
　　なお，平成29年の民法改正によって，債務者の帰責事由は解除の要件ではなくなる一方（改正民法541条等），債務不履行が債権者の帰責事由による場合には，債権者の解除が認められないこととなった（改正民法543条）。
　　債務者側としては，契約の拘束力を強くしたい場合は債務者の帰責事由を解除要件に組み込む対応が考えられる一方，債権者側としては双方に帰責事由がある場合も契約の拘束力から解放されるように契約条項に組み込むなどの対応が考えられる。

第19条（保証条項違反，瑕疵担保責任）

1　甲は，第4条で定める表明および保証の重大な違反に起因又は関連して乙が損害，損失および費用（逸失利益および合理的範囲における弁護士費用も含む。以下「損害等」という。）を被った場合，かかる損害等

について，乙に賠償する。
2　前項に定めるほか，匿名加工購買情報に瑕疵がある場合，甲は，当該瑕疵に起因又は関連して乙が損害等を被った場合，かかる損害等について，乙に賠償する。

コメント

　　本条は，4条の表明保証条項違反および瑕疵担保責任について定めたものである。

　　2018年6月に経済産業省から公表された「AI・データの利用に関する契約ガイドライン」の「AI・データの利用に関する契約ガイドライン―データ編―」においては，データ提供型契約が有償契約である場合，データの品質について問題があれば，民法上の瑕疵担保責任の適用があるとされているが，民法570条は有体物にのみ適用がある，とする見解もあるため，瑕疵担保責任については契約書に明記しておいたほうがよいであろう。

　　なお，平成29年の民法改正によって，瑕疵担保責任は契約不適合責任となり，債務不履行の特則と整理されたが，改正後もデータは有体物ではないため，契約不適合責任の規定の適用の有無については注意を要する。

第20条（損害賠償）

　　故意又は過失による甲又は乙の本契約の違反に起因又は関連して，他方当事者が損害等を被った場合，かかる損害等について，甲又は乙は他方当事者に賠償する。

コメント

　　本条は，損害賠償についての定めである。

　　19条と異なり，過失責任であることが重要である。賠償義務の範囲などに注意する必要がある。

　　なお，平成29年民法改正では，債務不履行に基づく損害賠償請求について，①帰責事由の不存在について債務者が立証責任を負うことが条文上明らかとなり（改正民法415条），②特別事情の基準につき，「予見し，又は予見することができた」との文言が，「予見すべきであった」との規範的表現に変更された（改正民法416条）。

　　損害賠償請求をする立場に立つ可能性が高い当事者は，特別事情につき

「予見すべきであった」と立証できるように，目的条項において，契約の趣旨や債務不履行により債権者が被ることになる影響等を具体的に記載しておくほか，別途書面により債務者に告げておくことが重要である。

第21条（別途協議）
本契約に定めがない事項又は本契約に生じた疑義について，甲および乙は，誠実に協議して解決を図る。

コメント
本条はいわゆる協議条項で，一般に特別の法的効果はないと考えられているが，わが国の実務上は規定されることが少なくない。

第22条（合意管轄）
本契約に関して甲乙間に生じる裁判上の紛争については，○○地方裁判所を専属的管轄裁判所とする。

コメント
合意により管轄裁判所を定めておく条項である。

本条のような合意がない場合は，一般的に被告の所在地（民事訴訟法4条），不法行為地（民事訴訟法5条9号）のほか，金銭的な訴えであれば，義務履行地（民事訴訟法5条1号）が管轄裁判所となる。また，意匠権や商標権，プログラムの著作物についての著作者の権利を除く著作者の権利などに関する訴えによる営業上の利益の侵害にかかる訴えについては，東京地方裁判所または大阪地方裁判所が管轄裁判所となる（民事訴訟法6条の2）。

本契約は日本国内での契約を想定しているが，外国企業との契約の場合などは，準拠法などについても注意する必要がある。

3 データ消去・廃棄委託契約

　本契約例は，会社において既存のサーバー，パソコン端末，IoT製品等のIT機器を処分する際に，その内部に蓄積されたデータの消去とIT機器自体の廃棄処分を，デジタルデータの消去およびIT機器等の廃棄処分を専門とする会社に対して委託する場合を想定している。

　データ取引が今後活発になるにつれ，顧客名簿や個人情報を不正に入手し，売買する名簿屋が増える可能性は否定できない。第1部でも「データガバナンス」に言及したが（65頁），今後，個人情報を含む各種のデータの管理が重要になってくる。サーバー，パソコン端末，IoT製品等のIT機器にはデータが大量に保存される場合もあり，その廃棄を慎重にしなくては，データが抜き取られ，金銭的な賠償にとどまらず企業の信用を損なうことにつながる。

　個人情報保護法では，個人情報取扱事業者が個人データを第三者に提供する場合，原則として，あらかじめ本人の同意を得なければならないとしている（同法23条1項）。もっとも，個人情報取扱事業者が利用目的の達成に必要な範囲内において個人データの取扱いの全部または一部を委託することに伴って当該個人データが提供される場合には，第三者提供に該当しないとされる（同条5項1号）。本契約例で想定される場面は，利用目的の範囲でデータの廃棄を委託するものであり，この第三者提供に当たらない場合と解される。

　本契約例では，受託者はまず，委託者のIT機器内のデータを消去したうえで，当該データが保存されていたIT機器を物理的に廃棄するという二段階の作業を行うことを想定している。その理由は，単に物理的に廃棄するだけではIT機器内にデータが残存し，後日データが流出するリスクがあるためである。単にデータの消去やIT機器の物理的な廃棄だけを委託する場合には，本契約書の該当する部分のみ

を参考にして欲しい。

　データの中には個人情報が含まれていることがあり，本契約例においても，個人情報の取扱いについて，特定個人情報の適正な取扱いに関するガイドライン（事業者編）に定められている安全管理措置の記載が参考になる（なお，「個人情報の保護に関する法律についてのガイドライン（通則編）」の（別添）「講ずべき安全管理措置」の内容にも同様の内容がコンパクトにまとめられている）。

　これらガイドラインは講ずべき安全管理措置の内容として，①基本方針の策定，②取扱規程等の策定，③組織的安全管理措置，④人的安全管理措置，⑤物理的安全管理措置，⑥技術的安全管理措置の項目を設けている。

　また，各項目について以下のような措置が考えられるとする（上記ガイドライン参照）。

① 　基本方針の項目として，事業者の名称，関係法令・ガイドライン等の遵守，安全管理措置に関する事項，質問及び苦情処理の窓口などを定めることが考えられる。

② 　取扱規程等の策定について，ⅰ取得段階，ⅱ利用段階，ⅲ保存段階，ⅳ提供段階，ⅴ削除・廃棄段階ごとに分け，取扱方法，責任者・事務取扱担当者及びその任務等について定めることが考えられる。

③ 　組織的安全管理措置について，組織体制として整備する項目として，ⅰ事務における責任者の設置及び責任の明確化，ⅱ事務取扱担当者の明確化及びその役割の明確化，ⅲ事務取扱担当者が取り扱う特定個人情報等の範囲の明確化，ⅳ事務取扱担当者が取扱規程等に違反している事実又は兆候を把握した場合の責任者への報告連絡体制等が考えられる（その他，取扱規程等に基づく運用，取扱状況を確認する手段の整備，情報漏えい等事案に対応する体制の整備，取扱状況の把握及び安全管理措置の見直しについても例を挙げているので上記ガイドラインを参照して欲しい）。

④ 　人的安全管理措置として，ⅰ事務取扱担当者の監督，ⅱ事務取扱

担当者の教育を挙げ，事務取扱担当者への教育等の手法として，従業者に定期的な研修等を行うことや，秘密保持に関する事項を就業規則等に盛り込むことが考えられる。

⑤ 物理的安全管理措置については，管理区域に関する物理的安全管理措置としては，ⅰ入退室管理及び管理区域へ持ち込む機器等の制限，ⅱ入退室管理方法としては，ICカード，ナンバーキー等による入退室管理システムの設置等が考えられる（その他，機器及び電子媒体等の盗難等の防止，電子媒体等の取扱いにおける漏えい等の防止，個人番号の削除，機器及び電子媒体等の廃棄についても例を挙げているので上記ガイドラインを参照して欲しい）。

⑥ 技術的安全管理措置として，ⅰ個人番号と紐づけてアクセスできる情報の範囲をアクセス制御により限定する，ⅱ特定個人情報ファイルを取り扱う情報システムを，アクセス制御により限定することが考えられる（その他，アクセス者の識別と認証，外部からの不正アクセス等の防止，情報漏えい等の防止についても例を挙げているのでガイドラインを参照して欲しい）。

データ消去・廃棄委託契約書

NKYMインフォテックを甲とし，株式会社ARKを乙として，甲乙間において次のとおり業務委託契約（以下「本契約」という。）を締結する。

第1条（目的）

本契約は，本契約に定めるところにより，甲の所有するコンピューターシステムにおいて使用していたサーバーやパソコン端末等のIT機器について，乙が，その記憶装置に格納されたデータを消去したうえで，当該IT機器自体の廃棄処分を迅速かつ確実に行うことを目的とする。

▶コメント

　本契約の目的を定める規定である。本契約では，甲が委託者，乙が受託

者である。

第2条（定義）

本契約において，以下に掲げる用語の意義は，当該各号に定めるところによるものとする。

(1)「IT機器」とは，サーバーやパソコン端末等の，情報に触れることを可能にする情報機器をいう。

(2)「記憶装置」とは，IT機器が処理すべき記憶情報（以下「データ」という。）を一定期間格納するために用いる，一切の部品，装置，電子媒体等をいう。

(3)「データ」とは，データファイル，プログラム，その他一切の記録情報をいう。

(4)「データの消去」とは，記憶装置を外形上損壊することなく，記憶装置に格納されたデータを完全に削除することをいう。

(5)「データの破壊」とは，記憶装置を外形上損壊することで，記憶装置に格納されたデータを完全に削除することをいう。

> **コメント**
>
> 　本条は定義規定である。
> 　本契約の目的はIT機器の廃棄にあるため，本条(1)〜(5)の定義は契約内容を確定させるうえでしっかりと定義しておく必要がある。(2)に関して，「情報媒体」や「メディア」「ハードディスク・ドライブ」といった表現を使用している契約書もあるが，これらは記憶装置の一類型であるので，本契約書ではこれらを包括する「記憶装置」という広い概念を採用している。個々の契約場面において対象となる記憶装置が明確であれば規定することも考えられるが，その際，記載漏れには注意を要する。
> 　なお，パソコンのデータ消去というと，HDDやSSDのデータ消去を思い浮かべるが，これらは二次記憶装置に分類されるものであり，契約書上は，一次記憶装置（レジスタ，キャッシュメモリなど）や三次記憶装置（USBやSDカードなどのリムーバブル・メディア）の存在なども念頭に置いておく必要がある。

第3条（委託の内容）

甲は，乙に対し，以下のとおり，甲の所有するコンピューターシステムにおいて使用していたサーバーやパソコン端末等のIT機器の消去および廃棄等の業務（以下「本件業務」という。）を委託する。

(1) 甲が乙に対して廃棄を委託するIT機器は，甲の指示に基づき，乙が次条の履行場所まで運搬する。IT機器の種類，数量および実施日は，別紙（略）の記載に従うものとする。

(2) データの消去方法は，強磁界照射の方法によるものとする。ただし，記憶装置の性質上，強磁界照射の方法になじまない場合には，データの破壊によるものとする。

(3) データの破壊は，記憶装置の破砕片の1辺が5ミリメートル以下であり，かつ，表面積が25平方ミリメートル以下に至るまで行うものとする。

(4) 前2号の方法を行うにあたって，技術的な問題が発生した場合には，乙が甲に対してその原因と解決策を説明した後，甲乙協議の上で，別の方法を検討するものとする。別途作業費用が発生する場合には，乙は事前に甲に対してその明細を説明し，甲の承認を得るものとする。

(5) 甲は，記憶装置に格納されたデータのバックアップ作業を自らの責任において行うものとし，乙に対して委託したIT機器内の全てのデータが消去または破壊されることに同意する。

コメント

(1)はIT機器の搬出・運搬，(2)はデータの消去方法，(3)はデータの破壊方法，(4)は(2)と(3)のデータの消去・破壊方法の変更，(5)はデータ消去等について委託者が受託者に復元等を求めるのを防ぐ条項になっている。

必要なくなったデータの消去につき，個人情報保護法は，利用する必要がなくなったときは当該個人データを遅滞なく消去するように努めなくてはならない（同法19条）と定める。また，GDPRも，データの管理者は，個人データが収集されまたはその他の処理の目的に関して，当該個人データがもはや必要ない場合，不当に遅滞なく消去する義務を負うと定める（GDPR17条1項(a)号）。

(1)では，本契約を基本的なフォーマットとして個々の場面で汎用性をもたせるため，具体的なデータ消去等の対象物や履行日を別紙に委ねている。このようにすることで，本書式をベースに個々の契約場面で別紙を改訂するのみで具体的に対応できる。IoT製品にもデータが保存されている場合には，IoT製品の廃棄についても忘れずに明記したい。

本条でとくにポイントとなるのが，消去と破壊の内容である。本契約では確実なデータの廃棄を目的としていることから，ソフトウェアを用いたデータ消去の方法ではなく，(2)および(3)の方法を採用している。

第4条（消去および破壊の履行場所）

乙は，甲から引き渡しを受けたIT機器を乙の事業所内において保管し，乙の事業所内または甲が事前に承認した施設内でのみ，データの消去およびデータの破壊を行うものとする。

コメント

データの流出を防ぐためには，完全に廃棄されるまでのIT機器等の管理も厳格に行う必要がある。そこで，本条は委託者が受託者に引き渡した後の管理・消去の場所について定めている。

第5条（廃棄）

乙は，データの消去またはデータの破壊後，IT機器および記憶装置の廃棄処分を行うものとする。

コメント

本契約例はデータ流出を防ぐため，IT機器内のデータを消去したうえで，当該データが保存されていたIT機器を物理的に廃棄するという二段階の作業を規定している。

個人情報は，利用が終わったら速やかに廃棄または削除することが求められる（個人情報保護法19条参照）。ガイドラインによれば削除する際は，削除した記録を保存し，その削除の記録の内容としては，特定個人情報ファイルの種類・名称，責任者・取扱部署，削除・廃棄状況などを記録し，マイナンバー自体は記録内容に含めない。この作業を委託する場合には，委託先が確実に削除または廃棄したことについて証明書等により確認する

（特定個人情報の適正な取扱いに関するガイドライン（事業者編）参照）こととされており，本契約例8条で定めを置いてある。

第6条（善管注意義務）
　前3条に関する詳細は，【別紙覚書】（略）の通り定める。乙はこれらの業務を，善良なる管理者の注意義務をもって行う。

> **コメント**
> 　本契約における受託者は，本契約が準委任契約の性質を有するため，法律上，善管注意義務を負っている（民法656条・644条）。そのため，本条がなくても受託者が善管注意義務を負うことになり，本条は必ずしも必要なものではない。もっとも，情報漏えいのリスクは委託者にとって大きいことに鑑み，受託者が善管注意義務を負っているということを明確にする規定を入れている。
> 　なお，データの収集・保管・消去または破壊・廃棄という各プロセスについて，詳細な規定を設けておくことがデータ流出防止には重要である。3条(1)と同様の観点から，契約書で細かく設定するのではなく，別紙覚書の形で作成することも可能であり，本契約書はこの形式をとっている。

第7条（履行期限）
　乙は，本契約に基づき，平成○○年○月○日までに，委託された業務を実施する。

> **コメント**
> 　履行期限の設定は通常の契約書に多くみられるところだが，とくにデータの消去または破壊契約の場合には，不用意にデータが保管されていると情報流出につながることから，これを防ぐ機能を有する（個人情報保護法19条参照）。履行期を徒過した場合，受託者は債務不履行責任（民法415条）を負う可能性が生じる。

第8条（報告書の提出）

1 乙は作業終了後，5営業日以内に，依頼内容に応じて，乙が行った作業内容を取りまとめた「データ消去作業報告書」または「データ破壊作業報告書」を作成し，これを甲に送付する。
2 乙は，データの消去またはデータの破壊が成功した場合には，「データ消去証明書」または「データ破壊証明書」を作成し，これを前項に規定する「データ消去作業報告書」または「データ破壊作業報告書」と併せて甲に送付する。

> **コメント**
>
> 　作業報告書や証明書は，受託者がデータの消去またはデータの破壊を行ったことを証明するために必要となる。データ流出の場合のリスクの大きさについては5条にて前述のとおりである。
> 　とくに，データの消去の場合には，IT機器や記憶装置の外観に変化がないため，廃棄処分がされずにデータが流出した場合の責任の所在を明確にする観点からも，報告書等の発行に関する規定は設けておくべきである（特定個人情報の適正な取扱いに関するガイドライン（事業者編）参照）。
> 　また，個人情報取扱事業者は，個人データの取扱いの全部または一部を委託する場合は，その取扱いを委託された個人データの安全管理が図られるよう，委託を受けた者に対する必要かつ適切な監督を行わなければならない（同法22条）。その程度として，委託者は，自己が個人情報保護法20条に基づき講ずべき安全管理措置と同等の措置が講じられるよう，監督を行うものとされる。そのため，データ廃棄を委託する業者は，本条のように廃棄等についての報告を求めておくのが望ましい。

第9条（委託料金）

1 本件業務の委託の対価は金〇〇円（消費税別）とし，甲は，乙に対し，これを下記口座に振り込んで支払う。なお，振込手数料は甲の負担とする。

記

〇　〇　銀　行　〇〇支店

```
                    普通口座    ○○○○
                    口座名義    ○○○○
```

2　前項記載の委託料金の支払期限は，甲が乙から「データ消去証明書」または「データ破壊証明書」を受領した月の翌月末日までとする。

> **コメント**
>
> 　　本契約は継続しない一度きりの廃棄処分委託であるため，本条では本件業務の委託の対価を一括して銀行口座に振り込んで支払う旨を定めている。年間での契約などが想定される場合「毎年○月○日に金○○円（消費税別）を支払う」とすることが考えられる。

第10条（不可抗力による遅延等）

1　乙が，不可抗力その他乙の責めに帰することのできない事由によって本契約に基づく義務の履行を遅延し，または達成することができなかった場合には，乙は甲に対して，その遅延または不達成の責任を負わない。

2　乙は，前項の場合，甲から委託を受けて搬出・運搬したIT機器を，直ちに，甲に返却する。返却の方法および場所については，乙は甲の指示に従うものとし，返却にかかる費用については，甲乙で協議の上，決定する。

> **コメント**
>
> 　　本条は不可抗力による免責を定める。データが廃棄されない状況が不必要に続くことは，データ流出のリスクを高めるため，2項のように受託者の義務の履行が滞った場合や履行できない場合の返却について規定をしておく必要がある。委託者の委託を受けた者に対する監督義務（個人情報保護法22条）との関係でも重要である
>
> 　　なお，平成29年の民法改正によって，帰責事由＝過失を意味するのではなく，当事者の合意内容からの逸脱を帰責事由と考える理解が示されている。かかる観点からすれば，不可抗力条項を明確に定め，当事者間の合意内容としてリスク分配を明確にしておくべきである。

第11条（再委託）

1 乙は，以下の観点を含め，乙自らが果たすべき措置と同等の措置が講じられる再委託先に限定して，受託したデータの消去またはデータの破壊作業の全部または一部を，乙の責任において第三者に再委託することができる。その際，甲の事前の書面による同意を得るものとする。
   (1) 委託先の設備
   (2) 技術水準
   (3) 従業者に対する監督・教育の状況
   (4) その他委託先の経営環境
   (5) 暴力団等の反社会的勢力とのかかわり
2 乙は再委託先との間で，本契約と同等の内容の再委託契約を締結しなければならない。再委託契約の中には，再委託先が委託業務の全部または一部を再々委託する場合には，甲および乙の事前の書面による同意を得るものとするとの規定を置かなければならない。
3 再委託先は，本件業務の全部または一部の委託を受けたものとみなす。

コメント

　　再委託については，データの流出リスクを極力抑えるために認めない場合もある。もっとも，受託する企業の都合から再委託は認めざるを得ない場合もある。本条では，再委託を認める場合を想定して規定しているが，その際，委託者の知らない第三者が再委託先になることは，データ流出のリスクを高める。そこで，本条のように再委託先の選定につき，委託者の事前の書面による同意を要求する規定を置くべきである。

　　改正民法では受任者の自己執行義務を新設し，復受任者の選任の要件として，①委任者の許諾を得たとき，または②やむを得ない事由があるときの二つを規定している（改正後民法644条の2）ことから，再委託を可能とする場合は書面による同意（許諾）を求め，同意を証拠化しておくとよい。

第12条（権利義務等の譲渡禁止）

　甲または乙は，相手方の書面による事前の承諾のない限り，本契約上の地位および本契約によって生じる権利義務の全部または一部を第三者に譲渡し，または担保に供してはならない。

コメント

　本条は，契約上の権利義務の譲渡の禁止を定めた条項である。
　なお，平成29年の民法改正によって，譲渡禁止特約に反する債権の譲渡が有効となる（改正民法466条）ほか，契約上の地位の移転が明文化される（改正民法539条の2）などしている。契約または債権債務の譲渡が行われた場合には，契約を解除することができる旨の条項を入れるなどの対応が必要であろう。

第13条（秘密保持義務）

1　甲および乙は，本件業務の過程で知り得た情報および記憶装置内の全データ（以下，「秘密情報」という。）につき，これを厳に秘密として保持し，第三者に本件業務の全部または一部を再委託する場合を除き，相手方の事前の書面による承諾なしに第三者に提供，開示，漏えいし，また本契約の履行以外の目的に使用してはならない。ただし，法令上の強制力を伴う開示請求が公的機関よりなされた場合は，その請求に応じる限りにおいて，開示者への速やかな通知を行うことを条件として開示することができる。
2　前項の規定にかかわらず，次の各号の一に該当する情報は，秘密情報に当たらないものとする。
　(1)　開示の時点で既に被開示者が保有していた情報
　(2)　秘密情報によらず被開示者が独自に生成した情報
　(3)　開示の時点で公知の情報
　(4)　開示後に被開示者の責めに帰すべき事由によらずに公知となった情報
　(5)　正当な権利を有する第三者から秘密保持義務を負うことなく開示さ

れた情報
3 本条の規定は，本契約の終了後も有効に存続するものとする。

> **コメント**
>
> 本条は，本契約を通じて知りえた情報についての秘密保持義務を定めている。受託者のみの秘密保持義務を定める場合もあるが，受託者側の企業秘密等の情報について，受託者側から秘密保持義務を委託者に課したい場合もある。
>
> そのため，本条では双方が秘密保持義務を負うと規定している。なお，受託者のみに秘密保持義務を課す場合，1項冒頭の「甲および乙は」の箇所を「乙は」と変えればよい。

第14条（漏えい事案等が発生した場合）
1 乙は，記憶装置内のデータが漏えい，流出，紛失（以下「漏えい等」という。）することがないよう必要な措置を講ずるものとし，乙の支配が可能な範囲において漏えい等に関し責任を負う。
2 乙およびその役員・従業員が，本契約に違反して，データを第三者に漏えい等した場合には，乙は直ちに甲に報告しなければならない。この場合，乙は，速やかに必要な調査を行うとともに，再発防止策を策定し，甲に対し調査結果および再発防止策の内容を報告する。
3 データの漏えい等に関し，甲の役職員を含む第三者から，訴訟上または訴訟外において，甲に対する損害賠償請求等の申立てがされた場合，乙は当該申立ての調査解決等につき，甲に合理的な範囲で協力するものとする。
4 データの漏えい等に関し，甲の役職員を含む第三者から，訴訟上または訴訟外において，乙に対する苦情または損害賠償請求等の申立てがされた場合，乙は，苦情または申立てを受け，苦情または申立てがされたことを認識した日から3営業日以内に，甲に対し，苦情または申立ての事実および内容を書面で通知するものとする。
5 本条の定めは本契約終了後も有効とする。

> **コメント**
>
> 　本条は，データの漏えいが起きた場合の責任等を定めるものである。
> 　データ漏えいの可能性は当然予見されるものであるため，起こらないようにする防止措置や起こった場合の責任についての定めを置くべきである。
> 　本条1項は受託者の防止措置と漏えいが起きた場合の責任，2項は受託者の報告・再発防止義務，3項と4項は第三者から法的責任を追及された場合等の定め，5項は存続条項である。
> 　近年個人情報に関する国民の意識が高まっていることから，顧客情報等のデータ漏えいが起きた場合に法的責任を追及される可能性は高い。4項はこのような第三者からの苦情や提訴の場合に，委託者が早期に漏えいの事実を認識し，対応するために重要である。

第15条（解除，期限の利益喪失等）

　甲または乙は，相手方が次の各号の一に該当する場合，何らの通知，催告なしに，直ちに本契約の全部または一部につき，何らの責任を負うことなく，その債務の履行を停止し，または解除することができる。

(1) 本契約に定める義務の全部または一部に違反したとき

(2) 財産または信用状態の悪化等により，差押え，仮差押え，仮処分，強制執行もしくは競売の申立てがなされ，または租税公課を滞納し督促を受けたとき

(3) 破産手続開始，民事再生手続開始，会社更生手続開始，特別清算開始その他法的倒産手続開始の申立てがあったとき，解散（または法令に基づく解散も含む。），清算もしくは私的整理の手続に入ったとき

(4) 手形もしくは小切手を不渡とし，その他支払不能または支払停止となったとき

(5) 自らまたは自らの役員（業務を執行する社員，取締役，執行役またはこれらに準ずる者をいう。）が，暴力団，暴力団関係企業，総会屋もしくはこれらに準ずる者またはその構成員であることが判明したとき

> **コメント**
>
> 　本条は，本契約の解除について定めたものであり，無催告解除が可能となっている。
> 　内容は一般的なものであるが，(1)の契約違反については，催告の上相当期間内に是正がなされなかった場合に解除可能とすることも多い。
> 　なお，平成29年の民法改正によって，債務者の帰責事由は解除の要件ではなくなる一方（改正民法541条等参照），債務不履行が債権者の帰責事由による場合には，債権者の解除が認められないこととなった（改正民法543条）。
> 　債務者側としては，契約の拘束力を強くしたい場合は債務者の帰責事由を解除要件に組み込む対応が考えられる一方，債権者側としては双方に帰責事由がある場合も契約の拘束力から解放されるように契約条項に組み込むなどの対応が考えられる。

第16条（損害賠償）

　故意または過失による甲または乙の本契約の違反に起因または関連して，他方当事者が損害等を被った場合，かかる損害等について，甲または乙は他方当事者に賠償する。

> **コメント**
>
> 　本条は損害賠償についての一般的な定めである。
> 　なお，平成29年民法改正では，債務不履行に基づく損害賠償請求について，①帰責事由の不存在について債務者が立証責任を負うことが条文上明らかとなり（改正民法415条），②特別事情の基準につき，「予見し，又は予見することができた」との文言が，「予見すべきであった」との規範的表現に変更された（改正民法416条）。
> 　損害賠償請求をする立場に立つ可能性が高い当事者は，特別事情につき「予見すべきであった」と立証できるように，目的条項において契約の趣旨や債務不履行により債権者が被ることになる影響等を具体的に記載しておくほか，別途書面により債務者に告げておくことが重要である。

第17条(別途協議)

本契約に定めがない事項または本契約に生じた疑義について,甲および乙は,誠実に協議して解決を図る。

> **コメント**
>
> 本条はいわゆる協議条項で,一般に特別の法的効果はないと考えられているが,日本の実務上は規定されることが少なくない。

第18条(合意管轄)

本契約に関して甲乙間に生じる裁判上の紛争については,○○地方裁判所を専属的合意管轄裁判所とする。

> **コメント**
>
> 合意により管轄裁判所を定めておく条項である。
>
> 本条のような合意がない場合は,一般的に被告の所在地(民事訴訟法4条),不法行為地(民事訴訟法5条9号)のほか,金銭的な訴えであれば,義務履行地(民事訴訟法5条1号)が管轄裁判所となる。また,意匠権や商標権,プログラムの著作物についての著作者の権利を除く著作者の権利などに関する訴えによる営業上の利益の侵害にかかる訴えについては,東京地方裁判所または大阪地方裁判所が管轄裁判所となる(民事訴訟法6条の2)。
>
> 委託者に有利にするには委託者の本店所在地近くの裁判所,受託者に有利にするには受託者の本店所在地近くの裁判所を規定することになる。

別　紙

第1条　乙は,IT機器および記憶装置の搬出運搬作業において,他の機器および甲の業務の妨げにならないよう配慮する。

第2条　IT機器および記憶装置の搬出運搬作業に乙が使用する車両は,盗難防止装置等を装備し,施錠管理が十分に施された専用車両とする。

車両にIT機器および記憶装置を積載後は，貨物室の施錠を行い，乙の施設への搬入まで火災等の非常時以外の開錠は行わないものとする。

第3条　乙は，IT機器および記憶装置の搬出運搬作業に従事する者を選定し，常時2名以上を作業に当たらせるものとする。

第4条　乙は，IT機器および記憶装置のデータの消去およびデータの破壊処理を行う処理施設に，終日稼働する監視カメラを設置し，IT機器および記憶装置の保管状況やデータの消去およびデータの破壊作業状況等を，確認可能な状態で行うものとする。

第5条　乙は，前条の施設について，IDカード，生体認証，パスワード等により入退室管理を厳格に管理するものとする。

第6条　乙は，データの消去およびデータの破壊作業の前後において，IT機器および記憶装置の数量の確認を行う。数量に異常を認めた場合には，甲に対して速やかに異常の内容を報告すると共に，事態の原因究明と収拾に努める。

第7条　乙は，産業廃棄物の収集運搬および処分にあたっては，産業廃棄物の種類・数量等を記載した産業廃棄物管理票（マニフェスト）による業務確認を行う。ただし，乙が「廃棄物の処理及び清掃に関する法律」第15条の4の3で規定する，産業廃棄物の広域的処理に係る特例の認定を受けた者である場合は，この限りではない。

第8条　甲は，本業務の全ての過程に，乙に対する事前の通知なく，甲の職員を立ち会わせることができる。

4 クラウドサービス利用規約

　本規約例は，クラウドサービスを提供する企業がユーザーに対し提示するクラウド利用規約である。

　クラウド（クラウドコンピューティング）とは，「ネットワークを通じて，情報処理サービスを，必要に応じて提供／利用する」形の情報処理の仕組み（アーキテクチャ）をいうとされる（「クラウドコンピューティングと日本の競争力に関する研究会」報告書，経済産業省，2010年8月16日）。

　近年では通信技術の発達に伴い，データの保管等のために当たり前のように使用されるようになった。クラウドサービスの普及に伴い，情報流出やサーバーダウン等の問題も広く認識されるようになった。これらのトラブルが起きた場合に備えた契約や規約が作成されることが望ましい。

　ひと口にクラウドサービスといっても，規模の大小，個人向けサービスと企業向けサービスの違い，個々にカスタマイズして構築されるクラウドサービスとパッケージ化されたサービスの違い等，バリエーションは多岐に渡る。本規約例は，中規模の，パッケージ化された，企業向けの，アプリケーションソフトウェアサービスを想定している。

クラウドサービス利用規約

第1条（利用規約の適用）

1　本規約は，第2条に定めるユーザーがHSGW株式会社（以下「当社」といいます。）の第2条に定めるクラウドサービスを利用するにあたり必要な条件を定めることを目的とします。

2　第2条に定めるユーザーは，クラウドサービスの利用にあたり本規約を遵守するものとします。

> **コメント**
> 　本条は，本規約がいかなるクラウド契約に適用されるかを規定している。
> 　規約が定型約款に当たる場合は，当然のように契約に組み入れられるわけではなく，一定の要件を満たして契約に組み入れられる。本規約例は，改正民法における定型約款に該当すると解されるため，改正民法の規定に留意する必要がある。
> 　とくに，定型約款を用いて契約する場合は，①定型約款を契約の内容とする旨の合意をしたとき，②定型約款を準備した者があらかじめその定型約款を契約の内容とする旨を相手方に表示していたときに，契約の内容に組み入れられることに注意する必要がある。

第2条（定義）
本規約における用語の定義は，以下のとおりとします。
(1)「クラウドサービス」とは，ネットワークを通してサーバ，ストレージ，ネットワーク，OS，ソフトウェア等のICTリソースを利用可能とするサービスを総称していい，別紙（略）に定めるものをいいます。
(2)「ユーザー」とは，本規約に同意のうえ，当社との間でクラウドサービスの利用に関する契約（以下「サービス利用契約」といいます。）を締結した者をいいます。
(3)「サービス利用契約」とは，当社とユーザーとの間で締結されたクラウドサービスの利用に関する契約をいいます。
(4)「サービス仕様書」とは，当社ホームページ上に掲載されるクラウドサービスの仕様を定める文書をいいます。

> **コメント**
> 　本条は定義規定である。(2)ではクラウドサービスを定義しており，本規約に基づいてサービス提供者が提供するサービスの内容を画するもののため，注意して記載する必要がある。本規約では詳細を別紙に定める形式としている。

第3条(規約の変更)

1 当社は、当社が社会情勢の変動等により必要があると認めた場合、法令等が改廃された場合、クラウドサービスその他当社の業務内容に変更の必要性が生じた場合およびその他合理的必要性がある場合、民法第548条の4に基づき本規約を変更することがあります。なお、この場合には、ユーザーの利用条件その他サービス利用契約の内容は、変更後の新規約を適用するものとします。

2 当社は、前項の変更を行う場合は、30日以上の予告期間をおいて、当社所定のホームページに掲載することにより、変更後の新規約の内容をユーザーに通知するものとします。

コメント

本条は規約の変更を定めている。

改正民法548条の2以降に定型約款に関する規定が新設されており、変更する場合についての規定も新設された(改正民法548条の4)。

同条の趣旨は定型約款を用いて多数の取引をした後に、定型約款準備者の側が内容を変更しようとした場合に個別に合意しなければならないとすると煩雑である一方、一方的に変えられるとすると契約の拘束力の根拠を欠くため、両者の調整を図った点にある。

そこで、同条1項では定型約款の変更が相手方の一般の利益に適合するとき(1号)、定型約款の変更が契約をした目的に反せず、かつ、変更の必要性、変更後の内容の相当性、この条の規定により定型約款の変更をすることがある旨の定めの有無およびその内容その他の変更に係る事情に照らして合理的なものであるとき(2号)には、定型約款準備者は、定型約款の変更をすることにより、変更後の定型約款の条項について合意があったものとみなし、個別に相手方と合意をすることなく契約の内容を変更することができると定めている。

本条1項は、改正民法548条の4第1項2号の規定に合わせて定めている。また、本条2項は改正民法548条の4第2項、3項の定型約款変更の際の周知に関する規定を反映した条項例になっている。

第4条(クラウドサービスの提供期間)

クラウドサービスの提供期間は,1年間とし,提供期間の開始日は,サービス利用契約に定めるサービス実施開始日とします。ただし,期間満了の1ヵ月前までにユーザーおよび当社のいずれからも別段の意思表示のないときは,引き続き同一条件をもって,提供期間はさらに1年間自動的に継続延長されるものとし,以後もまた同様とします。

> **コメント**
> 本条はクラウドサービスの提供期間を定める規定である。クラウドサービスの契約において,最低でも一定期間は利用しなくてはならないという条項を定める場合もある。

第5条(ユーザーからの解約)

ユーザーは,当社に解約の申込を行うことにより,サービス利用契約を解約し,クラウドサービスの利用を終了することができるものとします。ユーザーは,サービス利用契約を解約するときには,解約を希望する日の1ヵ月前までに,書面をもって当社に解約の申込を行うものとします。サービス利用契約は,ユーザーから当社に解約の申込が到達し,当社がクラウドサービスの利用権限を削除した時点で終了するものとします。

> **コメント**
> 本条はユーザーからクラウドサービスの利用を解約する定めである。

第6条(解除)

1 ユーザーまたは当社は,相手方が次の各号のいずれか一つにでも該当したときは,相手方に何らの通知・催告を要せず直ちにサービス利用契約の全部または一部を解除できるものとします。
 (1) 手形または小切手が不渡りとなったとき
 (2) 差押え,仮差押え,仮処分もしくは競売の申立てがあったとき,または,租税滞納処分を受けたとき

(3) 破産手続開始，特定調停手続開始，会社更生手続開始もしくは民事再生手続開始，その他これらに類似する倒産手続開始の申立てがあったとき，または清算に入ったとき
(4) 解散または事業の全部もしくは重要な一部を第三者に譲渡しようとしたとき
(5) 監督省庁から営業の取消・停止処分等を受けたとき，または転廃業しようとしたときであって，サービス利用契約を履行できないと合理的に見込まれるとき
(6) 第25条に定める保証，表明に反する事実があったとき，または，確約に反する行為があったとき
(7) サービス利用契約に基づく債務を履行せず，相手方から相当の期間を定めて催告を受けたにもかかわらず，なおその期間内に履行しないとき
2 ユーザーまたは当社は，前項各号のいずれかに該当したときは，当然に期限の利益を失い，相手方に対して負担する一切の金銭債務を直ちに弁済するものとします。

> コメント

本条は無催告による契約解除についての規定である。

なお，平成29年の民法改正によって，債務者の帰責事由は解除の要件ではなくなる一方（改正民法541条等），債務不履行が債権者の帰責事由による場合には，債権者の解除が認められないこととなった（改正民法543条）。

債務者側としては，契約の拘束力を強くしたい場合は債務者の帰責事由を解除要件に組み込む対応が考えられる一方，債権者側としては双方に帰責事由ある場合も契約の拘束力から解放されるように契約条項に組み込むなどの対応が考えられる。

第7条（クラウドサービスの提供）

1 当社はユーザーに対し，サービス利用契約に基づき善良な管理者の注意をもってクラウドサービスを提供するものとし，商業的に合理的な努力をもってクラウドサービスを提供します。ただし，特段の記述がない

> 限り当該クラウドサービスとして別紙（略）に定める基準を下回った場合でも，当社は損害賠償その他いかなる責任も負わないものとします。

コメント

　　本条はクラウドサービスの提供者の善管注意義務や提供するサービスの内容を規定している。

　　なお，本規約自体にはサービスレベルアグリーメント（SLA）を定めておらず，別紙のサービス仕様書に定めることを想定しているが，サービスレベルの定めは努力義務に過ぎず，ペナルティとしての損害賠償等は負わないことを前提としている。

> **第8条（クラウドサービスの提供時間帯）**
> 1　クラウドサービスの提供時間帯は，サービス仕様書に定めるとおりとします。
> 2　前項の定めにかかわらず，当社は，クラウドサービスの円滑な運営のために，計画的なメンテナンス（以下「計画メンテナンス」といいます。）を実施することがあるものとし，計画メンテナンスの実施のためにクラウドサービスの提供を一時的に中断することがあります。このとき，当社は，サービス仕様書に記載の方法で，計画メンテナンスを実施する旨を，当該計画メンテナンスにかかるユーザーに通知するものとします。
> 3　第1項の定めにかかわらず，当社は，クラウドサービスの維持のためにやむを得ないと判断したときには，緊急のメンテナンス（以下「緊急メンテナンス」といいます。）を実施するためにクラウドサービスの提供を一時的に中断することがあります。このとき，当社は，当該緊急メンテナンスの実施後すみやかに，緊急メンテナンスを実施した旨を，当該緊急メンテナンスにかかるユーザーに報告するものとします。

コメント

　　本条は，クラウドサービスの提供時間やメンテナンスに関する条項である。

　　サービス提供者は継続的にサービスを提供しなくてはならないが，仕様

書等で合意したサービスを保つためには，技術的なメンテナンスをしなくてはならない。

　その際に，何の通知もなくサービスの提供が中断されるとユーザーが不利益を被り，クレームにつながるリスクがある。本規約例では，2項，3項でメンテナンスを実施する場合があることを予告し，通知報告義務を規定している。

第9条（クラウドサービスの利用）

1　クラウドサービスを利用するにあたっては，ユーザーは，当社が別に定めるコンピュータ端末，通信回線その他のコンピュータ環境（以下「クライアント環境」といいます。）を用意し，当社が提供するクラウドサービスを構成するコンピュータ設備（以下「当社サービス環境」といいます。）に接続するものとします。クラウドサービスの提供は，クライアント環境から当社サービス環境にネットワーク経由で接続することにより行われます。

2　ユーザーによるクラウドサービスの利用は，特段の定めのない限り，前項の方法により行われるものとし，ユーザーは，クラウドサービスの利用のために，当社のデータセンターに立ち入る等することはできないものとします。

コメント

　本条は，クラウドサービスの利用方法について定めている。

第10条（再委託）

1　当社は，サービス利用契約に基づき提供するクラウドサービスに関する作業の全部または一部を，当社の責任において第三者に再委託できるものとします。

2　前項に基づき当社が再委託した場合の，再委託先の選任，監督ならびに再委託先の行った作業の結果については，一切当社が責任を負いユーザーには迷惑を掛けないものとします。

> **コメント**
>
> 　本条は、再委託についての規定である。
> 　クラウドサービスの提供者は、クラウドサービスを維持するために、各種メンテナンス等の作業を外部委託することが想定されるため、再委託を認める旨の規定を定める場合が多い。もっとも、クラウドサーバにあるデータが流出するリスクがあるため、再委託先の選任、監督についての責任について規定しておく必要がある。
> 　本規約では、パッケージ化されたクラウドサービスを想定しているため、ユーザーではなく、サービス提供者が再委託先の選任、監督について一切の責任を負うものとしている。

第11条（禁止事項）

1　ユーザーは本サービスの利用に関して、以下の行為を行わないものとします。
　(1)　当社もしくは第三者の著作権、商標権などの知的財産権その他の権利を侵害する行為、または侵害するおそれのある行為
　(2)　本サービスの内容や本サービスにより利用しうる情報を改ざんまたは消去する行為
　(3)　利用契約等に違反して、第三者に本サービスを利用させる行為
　(4)　法令もしくは公序良俗に違反し、または当社もしくは第三者に不利益を与える行為
　(5)　他者を差別もしくは誹謗中傷し、またはその名誉もしくは信用を毀損する行為
　(6)　ウィルス等の有害なコンピュータプログラム等を送信または掲載する行為
　(7)　第三者の設備等または本サービス用設備等の利用もしくは運営に支障を与える行為、または与えるおそれのある行為
　(8)　本サービスを構成するハードウェアまたはソフトウェアへの不正アクセス行為、クラッキング行為その他設備等に支障を与える等の行為
　(9)　本サービスの提供を妨害する行為またはそのおそれがある行為
　(10)　本サービスを構成するソフトウェアの解析、リバースエンジニアリ

ングその他のソースコードを入手しようとする行為
(11) 他人のユーザーIDを使用する行為またはその入手を試みる行為
(12) その行為が前各号のいずれかに該当することを知りつつ，その行為を助長する態様・目的でリンクをはる行為
(13) その他，当社が不適切と判断する行為

2 ユーザーは，前項各号のいずれかに該当する行為がなされたことを知った場合，または該当する行為がなされるおそれがあると判断した場合は，直ちに当社に通知するものとします。

3 当社は，本サービスの利用に関して，ユーザーの行為が第1項各号のいずれかに該当するものであることまたは契約者等の提供した情報が第1項各号のいずれかの行為に関連する情報であることを知った場合，事前にユーザーに通知することなく，本サービスの全部または一部の提供を一時停止し，または第1項各号に該当する行為に関連する情報を削除することができるものとします。ただし，当社は，ユーザーの行為またはユーザーが提供または伝送する（ユーザーの利用とみなされる場合も含みます。）情報（データ，コンテンツを含みます。）を監視する義務を負うものではありません。

コメント

本条は禁止事項を定めるものである。

本規約例のように，違法行為以外にもクラウドサービス特有の禁止事項を具体的に記載しておくことで，禁止事項違反によるサービス提供の停止などの措置を取りやすくしておくとよい。また，禁止事項に記載してある事項については，サービス提供の停止に対するクレームが収まりやすいなどの事実上の効果もあるといわれている。

1項(13)は，禁止事項における包括的な条項（バスケット条項）であり，禁止事項のどれにも該当しないが，サービス提供者がサービス提供を停止したいと判断した場合に活用できる。訴訟等の具体的な紛争解決の場面で，当該バスケット条項の有効性が常に認められるとは限らないが，規定しておくことが多い条項である。

第12条（ユーザーIDおよびパスワード）
1　ユーザーは，認定利用者に対して利用契約等に基づき開示する場合を除きユーザーIDおよびパスワードを第三者に開示，貸与，共有しないとともに，第三者に漏えいすることのないよう厳重に管理（パスワードの適宜変更を含みます。）するものとします。ユーザーIDおよびパスワードの管理不備，使用上の過誤，第三者の使用等によりユーザー自身およびその他の者が損害を被った場合，当社は一切の責任を負わないものとします。ユーザーのユーザーIDおよびパスワードによる利用その他の行為は，全てユーザーによる利用とみなすものとします。
2　第三者がユーザーのユーザーIDおよびパスワードを用いて，本サービスを利用した場合，当該行為はユーザーの行為とみなされるものとし，ユーザーはかかる利用についての利用料金の支払その他の債務一切を負担するものとします。また，当該行為により当社が損害を被った場合，ユーザーは当該損害を補填するものとします。ただし，当社の故意または過失によりユーザーIDおよびパスワードが第三者に利用された場合はこの限りではありません。

コメント

　　本条は，クラウドサービスを利用する際のID等に関する規定である。2項では他人のアカウントを利用するなりすまし行為に備えた規定である。
　　本規約ではユーザーのユーザーIDおよびパスワードは，ユーザーが管理につき責任をもつことを前提として（1項），第三者がユーザーIDおよびパスワードを悪用した場合の責任を負う（2項）こととしている。

第13条（バックアップ）
　ユーザーが本サービスにおいて提供，伝送するデータ等については，ユーザーは自らの責任で同一のデータ等をバックアップとして保存しておくものとし，サービス利用契約に基づき当社がデータ等のバックアップに関するサービスを提供する場合を除き，当社はかかるデータ等の保管，保存，バックアップ等に関して，一切責任を負わないものとします。

> **コメント**
> 　本条は，クラウド上に保存したデータがシステム障害等により滅失してしまうリスクがあることから，ユーザーがバックアップを取っておかなくてはならないことを定めるものである。

第14条（自己責任の原則）

1　ユーザーは，クラウドサービスの利用に伴い，自己の責に帰すべき事由で第三者に対して損害を与えた場合，または第三者からクレーム等の請求がなされた場合，自己の責任と費用をもって処理，解決するものとします。ユーザーがクラウドサービスの利用に伴い，第三者から損害を被った場合，または第三者に対してクレーム等の請求を行う場合においても同様とします。

2　クラウドサービスを利用してユーザーが提供または伝送する情報（コンテンツ）については，ユーザーの責任で提供されるものであり，当社はその内容等についていかなる保証も行わず，また，それに起因する損害についてもいかなる責任も負わないものとします。

> **コメント**
> 　本条は，クラウドサービスの利用において，ユーザーの責任を定めた規定である。サービス提供者が，個々のユーザーの利用の実体を把握し，利用方法等につき責任をもたなければならないとすると，コストがかかり現実的ではないため，このような定めを置くことも多い。本条は，サービス提供者の責任を免責する効果を有する。

第15条（セキュリティの確保）

1　当社は，当社サービス環境の安全を確保するために，当社サービス環境に当社所定のセキュリティ防護措置を講じるものとします。なお，当社は，当社サービス環境への不正なアクセスまたはクラウドサービスの不正な利用を完全に防止することを何ら保証するものではありません。

2　ユーザーは，コンピュータ上で動作するソフトウェア（本サービスの一部として提供されるものを含む）には，既知および未知のセキュリティ

脆弱性が存在する可能性があることを了解するものとし，ユーザーの判断において，当該ソフトウェアに対してライセンサーその他第三者より提供される修正ソフトウェアの適用その他必要な措置をとるものとします。

3　コンピュータ上で動作する基本ソフトウェア等のソフトウェアに存在する既知および未知のセキュリティ脆弱性に起因してユーザーまたは第三者が損害を被った場合であっても，当社はいかなる責任も負わないものとします。

コメント

　　本条は，クラウドサービスについてのセキュリティに関する規定である。
　　本規約では，サービス提供者が不正なアクセス等の防止を保証するものではないとしている。

第16条（個人情報等）

　本サービスによりユーザーが入力する情報（個人情報，特定個人情報を含みます。）は，ソフトウェアの機能により当社が認識することなくインターネット回線を通じて自動的にサーバーに記録されるものであり，当社は当該情報を事業の用に供するものではなく，当該情報について個人情報取扱事業者としての義務を負うものではありません。また，個人番号をその内容に含む電子データを取り扱うものではないため，個人番号関係事務または個人番号利用事務の委託を受けるものではありません。

コメント

　　本条は，クラウドサービス上に保存される個人情報等に関する定めであり，本規約ではサービス提供者はユーザーの個人データを取り扱わないことを定めている。
　　この場合，本規約で想定している企業ユーザーは個人データをサービス提供者に第三者提供したことにはならず，第三者提供の場合の「本人の同意」（個人情報保護法23条1項）を得る必要はないと考えられる。
　　そのため，ユーザーはサービス提供者の監督義務（同法22条）を負わず，

また,サービス提供者は個人情報取扱事業者(同法2条5項)に当たらないこととなる。もっとも,ユーザー企業が個人情報取扱事業者に当たる場合は,自ら法令上の安全管理措置(同法20条)を負うので注意が必要である。
　また,マイナンバーについてもサービス提供者は取り扱わないことを前提に,個人番号関係事務等の委託を受けていないことを規定している。

第17条 (秘密情報の取り扱い)

1　ユーザーおよび当社は,本サービス遂行のため相手方より提供を受けた技術上または営業上その他業務上の情報のうち,相手方が特に秘密である旨あらかじめ書面で指定した情報で,提供の際に秘密情報の範囲を特定し,秘密情報である旨の表示を明記した情報(以下「秘密情報」といいます。)を第三者に開示または漏えいしないものとします。ただし,相手方からあらかじめ書面による承諾を受けた場合および次の各号のいずれかに該当する情報についてはこの限りではありません。
　(1)　秘密保持義務を負うことなく既に保有している情報
　(2)　秘密保持義務を負うことなく第三者から正当に入手した情報
　(3)　相手方から提供を受けた情報によらず,独自に開発した情報
　(4)　利用契約等に違反することなく,かつ,受領の前後を問わず公知となった情報
　(5)　本条に従った指定,範囲の特定や秘密情報である旨の表示がなされず提供された情報
2　前各項の定めにかかわらず,ユーザーおよび当社は,秘密情報のうち法令の定めに基づきまたは権限ある官公署からの要求により開示すべき情報を,当該法令の定めに基づく開示先または当該官公署に対し開示することができるものとします。この場合,契約者および当社は,関連法令に反しない限り,当該開示前に開示する旨を相手方に通知するものとし,開示前に通知を行うことができない場合は開示後すみやかにこれを行うものとします。
3　秘密情報の提供を受けた当事者は,当該秘密情報の管理に必要な措置を講ずるものとします。

4　秘密情報の提供を受けた当事者は，相手方より提供を受けた秘密情報を本サービス遂行目的の範囲内でのみ使用し，本サービス遂行上必要な範囲内で秘密情報を化体した資料等（以下本条において「資料等」といいます。）を複製または改変（以下本項においてあわせて「複製等」といいます。）することができるものとします。この場合，ユーザーおよび当社は，当該複製等された秘密情報についても，本条に定める秘密情報として取り扱うものとします。なお，本サービス遂行上必要な範囲を超える複製等が必要な場合は，あらかじめ相手方から書面による承諾を受けるものとします。

5　前各項の規定にかかわらず，当社が必要と認めた場合には，第10条（再委託）所定の再委託先に対して，再委託のために必要な範囲で，ユーザーから事前の書面による承諾を受けることなく秘密情報を開示することができます。ただしこの場合，当社は再委託先に対して，本条に基づき当社が負う秘密保持義務と同等のものを負わせるものとします。

6　秘密情報の提供を受けた当事者は，相手方の要請があったときは資料等（本条第4項に基づき相手方の承諾を得て複製，改変した秘密情報を含みます。）を相手方に返還し，秘密情報が契約者設備または本サービス用設備に蓄積されている場合はこれを完全に消去するものとします。

7　本条の規定は，本サービス終了後，1年間有効に存続するものとします。

▶ コメント

本条は秘密保持に関する一般的な規定である。

第18条（損害賠償の制限）

　債務不履行責任，不法行為責任，その他法律上の請求原因の如何を問わず，本サービスまたは利用契約等に関して，当社がユーザーに対して負う損害賠償責任の範囲は，当社の責に帰すべき事由によりまたは当社が利用契約等に違反したことが直接の原因でユーザーに現実に発生した通常の損害に限定され，損害賠償の額は以下に定める額を超えないものとします。

なお，当社の責に帰すことができない事由から生じた損害，当社の予見の有無を問わず特別の事情から生じた損害，逸失利益について当社は賠償責任を負わないものとします。
(1) 当該事由が生じた月の前月末日から初日算入にて起算して，過去12ヵ月間に発生した当該本サービスにかかる料金の平均月額料金（1ヵ月分）
(2) 当該事由が生じた月の前月末日から初日算入にて起算して本サービスの開始日までの期間が1ヵ月以上ではあるが12ヵ月に満たない場合には，当該期間（1月未満は切捨て）に発生した当該本サービスにかかる料金の平均月額料金（1ヵ月分）
(3) 前各号に該当しない場合には，当該事由が生じた日の前日までの期間に発生した当該本サービスにかかる料金の平均日額料金（1日分）に30を乗じた額

コメント

本条は，サービス提供者の責任の制限に関する規定である。

第19条（免責）

1 本サービスまたは利用契約等に関して当社が負う責任は，理由の如何を問わず前条の範囲に限られるものとし，当社は，以下の事由によりユーザーに発生した損害については，債務不履行責任，不法行為責任，その他の法律上の請求原因の如何を問わず賠償の責任を負わないものとします。
(1) 天災地変，騒乱，暴動等の不可抗力
(2) ユーザー設備の障害または本サービス用設備までのインターネット接続サービスの不具合等ユーザーの接続環境の障害
(3) 本サービス用設備からの応答時間等インターネット接続サービスの性能値に起因する損害
(4) 当社が第三者から導入しているコンピュータウィルス対策ソフトについて当該第三者からウィルスパターン，ウィルス定義ファイル等を

提供されていない種類のコンピュータウィルスの本サービス用設備への侵入

(5) 善良なる管理者の注意をもってしても防御し得ない本サービス用設備等への第三者による不正アクセスまたはアタック，通信経路上での傍受

(6) 当社が定める手順・セキュリティ手段等をユーザーが遵守しないことに起因して発生した損害

(7) 本サービス用設備のうち当社の製造にかかわらないソフトウェア（OS，ミドルウェア，DBMS）およびデータベースに起因して発生した損害

(8) 本サービス用設備のうち，当社の製造にかかわらないハードウェアに起因して発生した損害

(9) 電気通信事業者の提供する電気通信役務の不具合に起因して発生した損害

(10) 刑事訴訟法第218条（令状による差押え・捜索・検証），犯罪捜査のための通信傍受に関する法律の定めに基づく強制の処分その他裁判所の命令もしくは法令に基づく強制的な処分

(11) 当社の責に帰すべからざる事由による納品物の搬送途中での紛失等の事故

(12) 再委託先の業務に関するもので，再委託先の選任・監督につき当社に過失などの帰責事由がない場合

(13) その他当社の責に帰すべからざる事由

2 当社は，契約者等が本サービスを利用することによりユーザーと第三者との間で生じた紛争等について一切責任を負わないものとします。

本条は免責事項について定めている。

第20条（サービス利用料金）
1　ユーザーは，本サービスの利用料金として，別紙（略）に定める金額を銀行振込または預金口座振替のいずれかあらかじめ当社との間で決めた方法により当社に支払うものとします。
2　当社は，利用契約存続中の毎月末日をもって当月分の利用料金を締め，ユーザーに請求書または口座振替のお知らせを交付します。ユーザーは，締めの対象となった月の翌々月20日までに，当該料金の全額を当社に支払うものとします。ただし，当該ユーザーと当社との間に決済条件について別途の合意がある場合は，その合意内容が優先するものとします。

コメント
　本条は料金についての定めである。本規約例では別紙に定める形式にしている。使用するクラウドの容量に応じて料金が変動する例が多い。

第21条（利用料金の支払条件）
1　前条の支払時における金融機関に対する振込手数料等は，ユーザーの負担とします。
2　ユーザーがサービス利用契約により生ずる金銭債務（手形債務を含み，以下同じ）の弁済を怠ったときは，当社に対し支払期日の翌日から完済の日まで年利14.6％の割合による遅延損害金を支払うものとします。
3　ユーザーが利用料金および消費税等相当額を支払期日までに支払わない場合，当社はユーザーに催告のうえ，クラウドサービスの提供を停止することがあるものとします。

コメント
　本条は料金の支払方法についての定めである。

第22条（権利譲渡等の禁止）
　ユーザーは，サービス利用契約に基づく権利および義務を，第三者に譲渡，貸与等しないものとします。

> **コメント**
>
> 本条は権利譲渡禁止の一般的な条項である。
>
> 平成29年の民法改正によって，譲渡禁止特約に反する債権の譲渡が有効となる（改正民法466条）ほか，契約上の地位の移転が明文化される（改正民法539条の2）などしている。契約または債権債務の譲渡が行われた場合には，契約を解除することができる旨の条項を入れるなどの対応が必要であろう。

第23条（転売の禁止等）

ユーザーは，本規約に別段の定めのない限り，または当社の事前の承諾のない限り，第三者に対してクラウドサービスの全部または一部の機能に直接アクセスする形態での転売・再販売・サブライセンス等をしないものとします。

> **コメント**
>
> 本条は，クラウドサービスをサービス提供者に無断で転売等することを禁止する規定である。

第24条（サービスの改廃）

1 当社は，クラウドサービスの提供を廃止することがあります。その場合，当社は，12ヵ月の予告期間をおいてユーザーにその旨を通知するものとします。

2 当社は，クラウドサービスの改善等の目的のため，当社の判断により，クラウドサービスの内容の追加，変更，改廃等を行うことがあります。当該追加，変更，改廃等の内容は，サービス仕様書およびサービス公開ホームページに記載されます。当社は，クラウドサービスの内容の追加，変更，改廃等を行うときには，30日以上の予告期間をもって，変更後のクラウドサービスの内容を，サービス仕様書およびサービス公開ホームページに掲載します。ただし，クラウドサービスについて，内容および機能を追加する場合，および，同一の内容について価格を引き下げる場合はこの限りではありません。

> **コメント**
>
> 　本条1項は，クラウドサービスをサービス提供者の都合により廃止する旨とその場合の手続を定め，2項ではサービス改善を行う旨とその場合の手続を定めている。事前に廃止や改善をユーザーに知らせないと，ユーザーからのクレームが生じ得る。本条では，その予告の方法も定めている。

第25条（反社会的勢力等の排除）

1　ユーザーおよび当社は，サービス利用契約の締結にあたり，自らまたはその役員（名称の如何を問わず，相談役，顧問，業務を執行する社員その他の事実上経営に参加していると認められる者）および従業員（事業の利益に重大な影響を及ぼす業務について権限を有するかまたはそれを代行する者）が，次の各号に記載する者（以下「反社会的勢力等」といいます。）に該当せず今後も該当しないこと，また，反社会的勢力等との関係を持っておらず今後も持たないことを表明し，保証します。

(1)　警察庁「組織犯罪対策要綱」記載の「暴力団，暴力団員，暴力団準構成員，暴力団関係企業，総会屋等，社会運動等標ぼうゴロ，特殊知能暴力集団等」その他これらに準ずる者

(2)　資金や便宜を供与したり，不正の利益を図る目的で利用したりするなど，前号に記載する者と人的・資本的・経済的に深い関係にある者

2　ユーザーおよび当社は，自らまたは第三者を利用して，次の各号に記載する行為を行わないことを相手方に対して確約します。

(1)　詐術，暴力的行為または脅迫的言辞を用いる行為

(2)　違法行為や不当要求行為

(3)　業務を妨害する行為

(4)　名誉や信用等を毀損する行為

(5)　前各号に準ずる行為

> **コメント**
>
> 　本条は一般的な反社会的勢力の排除条項である。

第26条（合意管轄）

本規約およびサービス利用契約に関する訴訟については，東京地方裁判所をもって第一審の専属的合意管轄裁判所とします。

コメント

本条は合意管轄裁判所を定めている。クラウドサーバーは遠隔地で管理されている場合もあり，漏えい事故等が遠隔地で生じることも想定されるため，管轄の定めを置いたほうがよい。

本条は合意により管轄裁判所を定めておく条項である。本条のような合意がない場合は，一般的に被告の所在地（民事訴訟法4条），不法行為地（民事訴訟法5条9号）のほか，金銭的な訴えであれば，義務履行地（民事訴訟法5条1号）が管轄裁判所となる。また，意匠権や商標権，プログラムの著作物についての著作者の権利を除く著作者の権利などに関する訴えによる営業上の利益の侵害にかかる訴えについては，東京地方裁判所または大阪地方裁判所が管轄裁判所となる（民事訴訟法6条の2）。

第27条（準拠法）

本規約およびサービス利用契約に関する準拠法は，日本法とします。

コメント

本条は準拠法に関する一般的な規定である。

なお，前条により東京地方裁判所が管轄裁判所となるが，準拠法については，法の適用に関する通則法が適用され準拠法が決定する。本条の定めがある場合，同法7条により契約の成立や債務不履行責任等の解釈について日本法が適用される。一方で，本条の定めがない場合（黙示の合意がある場合は含まない），同法8条により判断されることになり，準拠法が裁判に至るまで判然としないリスクが生じることになるため注意が必要である。

5 情報提携契約

　情報提携契約とは，企業がそれぞれ有する情報をお互いに提供しあい，各々の事業に役立てることを目的として結ばれる契約である。近年，SNSプラットフォームの普及，AI技術や生態認証端末など各種センサーの発達等により，企業は多くの情報を有している。情報は新たなサービスや製品の開発に不可欠のものと認識され，情報自体に価値がみいだされるようになっている。

　今後もこの傾向は続くとみられるが，各企業は自助努力では賄えない顧客データや，データ解析を通じて生み出された新たなデータ等を他社から取得することにより，自社のサービスや製品開発の向上に役立てるべく，情報提携契約を結ぶことが考えられる。

　本契約例では，大規模な産業データを有している企業同士が，各々の事業のサービスや製品の開発に活かすために情報提携契約を結ぶ場合を想定している。

　情報提携契約においては情報漏えいのリスクが大きいことから，情報提携契約を結ぶ当事者は，適切な情報管理体制を備えている必要がある。また，自社が開示した情報が相手方から漏れた場合にも自社に法的・社会的責任が生じる恐れがある。そのため，情報漏えいの防止策については十分に検討しておく必要がある。

　なお，本契約例は提供されるデータに個人情報を含まないことを前提としているが，これを含める場合は，個人情報保護法を遵守する必要がある。情報漏えいの防止策については，特定個人情報の適正な取扱いに関するガイドライン（事業者編）（別添）特定個人情報に関する安全管理措置（事業者編）が参考になる。

情報提携契約書

　NKYM株式会社（以下「甲」という。）とARK株式会社（以下「乙」という。）は，次のとおり，情報提携契約（以下「本契約」という。）を締結した。

第1条（定義）
　本契約書において使用される用語の定義は，以下のとおりとする。
(1) 「甲データ」とは，甲が保有するデータで別紙に詳細を定めるものをいう。ただし，個人を識別できる情報は含まない。
(2) 「乙データ」とは，乙が保有するデータで別紙に詳細を定めるものをいう。ただし，個人を識別できる情報は含まない。
(3) 「本目的」とは，甲および乙がそれぞれ有する商品開発に関する情報を相互に提供し，共同利用を行うことを目的とする。

コメント

　本条項は本契約例で用いる語句の定義を定めるものである。
　本契約例では，互いに特定のデータを契約の相手方に提供することを想定しているため，どのようなデータを相手方に提供するのかの特定は重要である。
　また，(3)では，本契約の目的を定めている。本契約例では提供された情報を目的外に利用することを禁じている（第3条参照）ので，その範囲を確定する働きをしている。

第2条（情報および開示方法）
1　甲および乙は，それぞれが有する「甲データ」および「乙データ」を相手方に提供するため，定例会議の共催，業務資料の開示，連絡担当者の選定等を行うこととする。
2　甲および乙は，前項の他，必要に応じて相手方に対し，資料開示の追加，臨時会議の開催，施設・設備への立入り・利用等を求めることができ，

相手方は，正当な理由がなければ，これを拒否することができない。
3 　前2項の規定により生じた費用については，甲および乙による別途協議により定める。
4 　甲および乙は，本契約期間中，毎月〇日までに乙に対し，以下の提供方法およびデータ形式により，「甲データ」および「乙データ」を提供する。
 (1) 　提供方法
 　　電子メール添付
 (2) 　データ形式
 　　Excelファイル

> **コメント**
>
> 　本条は，どのような情報をどういう形で交換し提携するかを定めている。
> 　本契約例では双方が情報を開示または要求することができることを前提としているので，3項では，かかった費用については別途協議によりその都度定められることにしている。また，データは無体物であるため所有権の対象ではなく，物権的な発想にはなじまない。そのため，データについては利用権限を与えるという，いわばライセンス契約の性質を有していると考えられている。
> 　なお，本契約例では顧客情報をデータの対象に含めていないが，含める場合は個人情報保護法の規制に注意する必要がある。

第3条（データの利用許諾）

1 　甲および乙は，相手方から提供を受けた「甲データ」および「乙データ」を，本契約期間中，本目的の範囲でのみ利用することができる。
2 　甲および乙は，相手方の書面による事前の承諾のない限り，「甲データ」および「乙データ」を，第三者に開示，提供，漏えいし，また本目的外に利用してはならない。
3 　甲および乙は，「甲データ」および「乙データ」が漏えいすることのないよう「甲データ」および「乙データ」を他の情報と明確に区別して保管しなければならず，所管官庁のガイドラインに従うとともに，その他「甲データ」および「乙データ」が漏えいすることのないように合理

的な措置を講じ，善良な管理者の注意をもって取り扱うものとし，不正アクセス，不正利用などの防止に努めるものとする。

> **コメント**
>
> 　本条は，本契約によって提供されたデータを，当事者がどの範囲で使用することができるかを定める規定である。
> 　提供されたデータの流出を防ぐため，1項において利用目的を定め，2項では第三者への開示等を禁じ，3項において合理的な措置を講じ管理する旨を定めている。

第4条（保証）
1　甲および乙は，以下の各号に定める事項につき，表明し保証する。
　(1)　相手方に提供した「甲データ」および「乙データ」が第三者の知的財産権，その他一切の権利を侵害するものでないこと。
　(2)　相手方に提供した「甲データ」および「乙データ」にウイルスが混入しておらず，安全であること。
　(3)　相手方に提供した「甲データ」および「乙データ」が，正確な内容であること。
2　甲および乙は，前項で定める表明および保証の重大な違反に起因または関連して相手方が損害，損失および費用（逸失利益および合理的範囲における弁護士費用も含む。以下「損害等」という。）を被った場合，かかる損害等について，相手方に賠償する。

> **コメント**
>
> 　本条は，表明保証条項である。
> 　表明保証条項は，ある時点における事実を表明し保証するものであり，その効果についてはさまざまな議論がなされている。効果について疑義を避けるために，本条2項において違反の場合の効果を定めている。本契約例では，表明保証の内容において，データの正確性を保証する内容となっているため，軽微なデータの誤りにすぎない場合は2項の損害賠償から除かれるように「重大な違反」と規定している。

第5条（対応責任）

1 　甲は，乙による「甲データ」の利用に起因もしくは関連して生じたクレームや請求について，甲の費用と責任で解決するものとする。また，当該クレームや請求への対応に関連して乙に費用が発生した場合または賠償金等の支払いを行った場合，甲は当該費用および賠償金等を負担するものとする。

2 　前項の定めにかかわらず，乙は，乙による本契約に違反する態様での「甲データ」の利用に起因もしくは関連して生じたクレームや請求について，乙の費用と責任で解決するものとする。また，当該クレームや請求への対応に関連して甲に費用が発生した場合または賠償金等の支払いを行った場合，乙は当該費用および賠償金等を負担するものとする。

3 　乙は，甲による「乙データ」の利用に起因もしくは関連して生じたクレームや請求について，乙の費用と責任で解決するものとする。また，当該クレームや請求への対応に関連して甲に費用が発生した場合または賠償金等の支払いを行った場合，乙は当該費用および賠償金等を負担するものとする。

4 　前項の定めにかかわらず，甲は，甲による本契約に違反する態様での「乙データ」の利用に起因もしくは関連して生じたクレームや請求について，甲の費用と責任で解決するものとする。また，当該クレームや請求への対応に関連して乙に費用が発生した場合または賠償金等の支払いを行った場合，甲は当該費用および賠償金等を負担するものとする。

コメント

　本条は提携されたデータに対する第三者からの請求等に対する甲の対応責任等について定めている。

　本契約例では双方がデータをライセンスする契約のため，甲および乙共に，原則として，自己が相手方に提供したデータに関連して生じたクレーム等に責任を負うこととし（1項，3項），例外的に，提供先が本契約に違反した場合は提供先が責任を負う内容となっている（2項，4項）。

第6条（利用状況）

1　甲および乙は，相手方に対し，相手方に提供した「甲データ」および「乙データ」の利用が本契約の条件に適合しているか否か検証するために必要な利用状況の報告を求めることができるものとする。
2　甲および乙は，合理的な基準により，前項に基づく報告が相手方に提供した「甲データ」および「乙データ」の利用状況を検証するのに十分ではないと判断した場合，10営業日前に書面による事前通知をすることを条件に，1年に1回を限度として，相手方の営業所において，相手方に提供した「甲データ」および「乙データ」の利用状況の監査を実施することができるものとする。この場合，甲および乙は，相手方の情報セキュリティに関する規程その他の相手方が別途定める社内規程を遵守するものとする。
3　前項による監査の結果，本契約に違反して「甲データ」および「乙データ」を利用していたことが発覚した場合，本契約に違反した当事者は，相手方に対し，監査に要した費用およびデータ利用にかかる追加の対価を支払うものとする。

コメント

　　本条はデータの管理に関する条項である。
　　データを提供した者としては，データが容易に複製，漏えいする性質を有していることから，データが適切に利用・管理されているか確認することが望ましい。とくに，重要な情報についてはハッキング等により漏えいしないか，提供先のセキュリティに関する設備が整っているか確認することが望ましい。
　　本契約例では具体的な方法として，1項では報告義務を定め，2項では監査権限を定めている。

第7条（漏えい事案等が発生した場合）

1　甲および乙は，「甲データ」および「乙データ」が漏えい，流出，紛失（以下「漏えい等」という。）することがないよう第3条3項の措置を講ず

るものとし，自己の支配が可能な範囲において漏えい等に関し責任を負う。
2　本契約に違反して，「甲データ」および「乙データ」を第三者に漏えい等した当事者は，直ちに相手方に報告しなければならない。この場合，「甲データ」および「乙データ」を第三者に漏えい等した当事者は，速やかに必要な調査を行うとともに，再発防止策を策定し，相手方に対し調査結果および再発防止策の内容を報告する。
3　「甲データ」および「乙データ」の漏えい等に関し，甲および乙の役職員を含む第三者から，訴訟上または訴訟外において，当事者に対する損害賠償請求等の申立てがされた場合，相手方は，当該申立の調査解決等につき，合理的な範囲で協力するものとする。
4　前項の場合，損害賠償請求等の申立てがなされた当事者は，申立てを受け，申立てがされたことを認識した日から3営業日以内に，相手方に対し，申立ての事実および内容を書面で通知するものとする。

コメント

本条は秘密情報の漏えい等が起きた場合の責任等を定めている。

情報漏えいの可能性は当然予見されるものであるため，漏えい等の防止措置や漏えい等が起こった場合の責任についての定めを置く必要がある。

本条1項は情報漏えいの防止措置と漏えいが起きた場合の責任，2項は報告・再発防止義務，3項および4項は第三者から法的責任を追及された場合等の定めである。4項はこのような第三者からの苦情や提訴の場合に，契約の相手方当事者が早期に漏えいの事実を認識し，対応するために重要である。

第8条（解除，期限の利益喪失等）

甲または乙は，相手方が次の各号の一に該当する場合，何らの通知，催告なしに，直ちに本契約の全部または一部につき，何らの責任を負うことなく，その債務の履行を停止し，または解除することができる。
(1)　本契約に定める義務の全部または一部に違反したとき
(2)　財産または信用状態の悪化等により，差押え，仮差押え，仮処分，強

制執行もしくは競売の申立てがなされ，または租税公課を滞納し督促を受けたとき
(3) 破産手続開始，民事再生手続開始，会社更生手続開始，特別清算開始その他法的倒産手続開始の申立てがあったとき，解散（または法令に基づく解散も含む。），清算もしくは私的整理の手続に入ったとき
(4) 手形もしくは小切手を不渡とし，その他支払不能または支払停止となったとき
(5) 自らまたは自らの役員（業務を執行する社員，取締役，執行役またはこれらに準ずる者をいう。）が，暴力団，暴力団関係企業，総会屋もしくはこれらに準ずる者またはその構成員であることが判明したとき

コメント

本条は契約解除等についての一般的な規定である。

なお，平成29年の民法改正によって，債務者の帰責事由は解除の要件ではなくなる一方（改正民法541条等），債務不履行が債権者の帰責事由による場合には，債権者の解除が認められないこととなった（改正民法543条）。

債務者側としては，契約の拘束力を強くしたい場合は債務者の帰責事由を解除要件に組み込む対応が考えられる一方，債権者側としては双方に帰責事由ある場合も契約の拘束力から解放されるように契約条項に組み込むなどの対応が考えられる。

第9条（損害賠償責任）

甲および乙は，本契約に違反したことにより，相手方に損害を与えたときは，〇〇〇〇万円を限度としてその損害を賠償しなければならない。

コメント

本条は損害賠償責任を定める規定である。

契約に違反し損害が発生した場合，日本法が準拠法であれば，損害賠償条項がなくても民法上債務不履行に基づく損害賠償請求（415条）ができるが，契約条項を遵守しなくてはならないという当事者への注意喚起の意味もある。

また，本契約例では損害賠償額の上限を設けている（責任限定条項）。

営業秘密や個人情報が漏えいした場合，その損害額は膨大なものとなることが予想されるため，本契約例のようにあらかじめ損害賠償額の範囲を限定しておくことが考えられる。

第10条（秘密保持義務）

1　甲および乙は，本契約を通じて知りえた，相手方が開示にあたり，書面・口頭・その他方法を問わず，秘密情報であることを表明したうえで開示した情報（以下「秘密情報」という。ただし，「甲データ」および「乙データ」は「秘密情報」には含まれない。）を，厳に秘密として保持し，相手方の書面による事前の承諾なしに第三者に開示，提供，漏えいし，また本契約の履行以外の目的に使用してはならない。ただし，法令上の強制力を伴う開示請求が公的機関よりなされた場合は，その請求に応じる限りにおいて，開示者への速やかな通知を行うことを条件として開示することができる。

2　前項の規定にかかわらず，次の各号の一に該当する情報は，秘密情報に当たらないものとする。
 (1)　開示の時点で既に被開示者が保有していた情報
 (2)　秘密情報によらず被開示者が独自に生成した情報
 (3)　開示の時点で公知の情報
 (4)　開示後に被開示者の責めに帰すべき事由によらずに公知となった情報
 (5)　正当な権利を有する第三者から秘密保持義務を負うことなく開示された情報

▶ コメント

　本条は，一般的な秘密保持義務を定めている。
　本契約を通じて開示される情報（甲データ，乙データ）に情報漏えいが起きないようにするための管理方法や漏えいが起きた場合の対応については，本条ではなく，第3条，第7条の規定により定めている。

第11条（期間）

本契約の有効期間は，契約締結日から１年間とし，甲または乙のいずれか一方が期間満了の１ヵ月前までに別段の書面による意思表示をしないときは，さらに１年間自動延長するものとし，以後も同様とする。

コメント

本条は契約期間を定めた一般的な規定である。一定の期間だけ情報提携をすることが明白であれば自動更新条項を付けないことも考えられるが，本契約例では１年単位の自動更新条項としている。

第12条（返却・廃棄）

甲および乙は，本契約が終了した場合は，直ちに「甲データ」および「乙データ」を相手方の指定する方法により，返却，廃棄または消去しなければならない。

コメント

本条は，契約終了後の秘密情報の返却等を定めている。
必要なくなった情報は速やかに返却等されなくては情報流出の原因となるため，契約終了後の情報の扱いに関する定めを置く必要がある。

第13条（権利譲渡等の禁止）

甲および乙は，相手方の書面による事前の承諾を得ないで，本契約上の地位並びに本契約に基づく権利および義務の全部または一部を第三者に譲渡し，または承継させてはならない。

コメント

本条は情報流出防止手段の一つとして必要な規定である。
情報管理に携わる主体が増えれば増えるほど漏えいの危険は増え，相手方が地位等を譲渡した第三者が情報管理体制を十分敷いているかの監視監督は困難である。契約をする当事者は相手方企業を信頼したうえで情報提携契約を締結するため，無断で第三者に契約上の地位等が移転することができないようにすることが多い。

第14条（残存条項）

本契約終了後も，第４条（保証），第５条（対応責任），第７条（漏えい事案等が発生した場合），第10条（秘密保持義務），第13条（権利義務等の譲渡禁止），本条，第15条（合意管轄）は有効に存続する。

> **コメント**
>
> 　本条は，本契約終了後も当事者間で有効な条項を定めたものである。なお，本契約例では，表明保証条項（４条）においてウイルスが含まれていないことを保証し，違反した場合には損害を賠償する旨定めているが，契約終了後にウイルスにより損害が生じる場合もあり得るため，損害賠償請求できるよう残存条項に含めている。

第15条（合意管轄）

甲および乙は，本契約に関して紛争が生じた場合には，甲の本店所在地を管轄する裁判所を第一審の専属的合意管轄裁判所とすることに合意する。

> **コメント**
>
> 　本条は合意管轄裁判所を定めている。
> 　合意により管轄裁判所を定めておく条項である。本条のような合意がない場合は，一般的に被告の所在地（民事訴訟法４条），不法行為地（民事訴訟法５条９号）のほか，金銭的な訴えであれば義務履行地（民事訴訟法５条１号）が管轄裁判所となる。また，意匠権や商標権，プログラムの著作物についての著作者の権利を除く著作者の権利などに関する訴えによる営業上の利益の侵害にかかる訴えについては，東京地方裁判所または大阪地方裁判所が管轄裁判所となる（民事訴訟法６条の２）。

6 API利用許諾契約書

　本契約例では，API利用許諾契約を取り扱う。ここでは，クレジットカード企業とFintech企業が，API利用許諾契約を締結する場合を想定している。銀行とFintech企業とのAPI利用許諾契約のひな形は，一般社団法人コンピュータソフトウェア協会FinTechワーキンググループおよび一般社団法人Fintech協会APIセキュリティ分科会が公表しており，参考になる（https://www.fintechjapan.org/news/5272647）。ここで紹介するAPI利用許諾契約は，このAPI利用許諾契約のひな型をクレジットカード企業向けにアレンジしたものである。このほか，オープンAPI推進研究会（事務局：一般社団法人全国銀行協会）が，改正銀行法対応のAPI利用契約の条文例について検討しており，こちらも参考になる。

　APIとは，Application Programming Interfaceの略であり，一般に「あるアプリケーションの機能や管理するデータ等を他のアプリケーションから呼び出して利用するための接続仕様等」を指し，このうち，サードパーティ（他の企業等）からアクセス可能なAPIがオープンAPIと呼ばれる（一般社団法人全国銀行協会　オープンAPIのあり方に関する検討会「オープンAPIのあり方に関する検討会報告書－オープン・イノベーションの活性化に向けて－」（2017年7月13日）（以下「検討会報告書」という））。アプリケーションを提供する者が，APIを公開することによって世界中の人間がそのアプリケーションを利用することができるようになる。

　ここで取り上げるAPI利用許諾契約は，APIを公開した者とそれを利用する者との間で締結される利用許諾契約である。検討会報告書は一般社団法人全国銀行協会が作成したものであるが，クレジットカー

ド企業が契約の当事者となる本契約においても参考になるため，本契約の解説においても適宜言及する。

　API自体は，本書で取り扱う情報取引とは直接は関係しない。しかし，銀行やクレジットカード企業がFintech企業と，銀行口座やクレジットカードの利用の履歴を管理するアプリケーションについてのAPI利用許諾契約を締結する場合，単なるアプリケーションの利用許諾契約ではなく，情報取引契約の性質を有することを考慮しなければならなくなる。Fintech企業が銀行やクレジットカード企業とAPI利用許諾契約を締結する目的は，銀行やクレジットカード企業の持つ個人の銀行口座やクレジットカードの利用の履歴の取得だからである。平成29年（2017年）5月26日に改正された銀行法（以下「改正銀行法」という）も，このようなAPIの利用を前提とした法規制を新たに定めるに至っている。したがって，APIの提供者である金融機関，その利用者であるFintech企業がともに，API利用許諾契約を単にアプリケーションの利用許諾契約として検討するだけではなく，個人情報が移転することを念頭にリスクを検討し，契約書を作成する必要がある。

　なお，APIには参照系APIと更新系APIといわれるものがある。銀行のAPIに関して言うと，参照系APIは銀行の口座情報を読み取ることのみができるのに対し，更新系APIでは口座情報を書き換えることができるものである。更新系APIについては，個人情報が移転することについてのリスクとともに，銀行が有する個人の口座の情報が直接書き換えられることにより，不正送金などが行われるリスクが問題となる。ここでは参照系APIの利用許諾に関する契約を紹介するが，各条項のコメントにおいて，必要に応じて更新系APIにおける定め方について言及していく。

　最後に，民法改正との関係で，定型約款の規定の適用がないかを検討する必要がある。銀行やクレジットカード企業としては，多数のFintech企業と個別に契約を締結するのではなく，定型の契約書を作成し，Fintech企業とは一律同じ契約内容とすることもあり得よう。その場合に

は，改正民法の定型約款の規定の適用がないか，検討しておく必要がある。

　なお，改正銀行法は，平成30年（2018年）6月1日から施行されたが，参照系APIの利用にかかる契約の締結義務については，経過措置で例外が定められている。具体的には，改正銀行法の施行日から起算して2年を超えない範囲内において政令で定める日までは，この法律の施行の際，現に銀行等の口座情報を取得し，これを預金者等に提供することのみを行っている電子決済等代行業者等は，銀行等との間の契約締結義務が猶予される。スクレイピングの技術を利用して口座情報を取得しているFintech企業が主な対象となる。

API利用許諾契約書

　ARAKI信販株式会社（以下「甲」という。）および株式会社ブレノベーション（以下「乙」という。）は，以下のとおり契約（以下「本契約」という。）を締結する。

第1条（本契約の目的）

　本契約は，乙が顧客へ提供する別紙【1】（略）記載のサービス（以下「本件サービス」という。）を行うことに関して，甲が自らの顧客を管理するために利用している別紙【2】（略）記載のアプリケーション・プログラミング・インターフェース（以下「本件参照系API」という。）を利用する権利を甲が乙に付与することを目的とする。

> **コメント**
>
> 　本条は，本契約の目的を定めたものである。
>
> 　本契約の目的を参照している条項は，本契約6条1項2号（目的外利用の禁止），14条2項9号（本契約の解約），15条1項（開示された情報の目的外使用の禁止）の三つである。本条の目的は，これらの条項の効力に影響を及ぼすことになるため，慎重に検討する必要がある。目的が狭く解されたほうが，基本的にはクレジットカード企業にとって有利となる。
>
> 　本条は，「本件サービスの提供を行うことに『関して』」APIを利用する

ことが，本契約の目的となっているが，「関して」との表現では，本契約の目的を広く解釈される可能性がある。たとえば，「本件サービスの提供を行う『ために』」としたほうが，本契約の目的を狭く解釈される余地がある。

第2条（使用許諾）
1 甲は，乙に対し，乙が本件サービスを提供する目的の範囲内でのみ，本件参照系APIを利用する非独占的使用権を許諾する。
2 乙は，本件参照系APIを利用することにより，本件サービスに関し甲の利用規約および乙の利用規約に同意した顧客に係るクレジットカードの利用の情報（以下「本件情報」という。）を取得することができる。

コメント

本条は，本件参照系APIの使用許諾について定めたものである。
1項は，APIの使用権の許諾について定めており，APIの使用権が非独占的であるとしている。現在，オープンAPIについてはFintech企業に対して広く公開していくことを前提としており，独占的なAPIの利用許諾契約を結ぶことは考えにくい状況である。
このほか，Fintech企業から第三者への本件サービスに関する委託や第三者との共同実施を認めることを明記することも考えられる。

第3条（トークン）
1 甲は，乙に対し，本件参照系APIを利用するために必要なアクセストークンおよびリフレッシュトークンを発行しなければならない。
2 乙は，本件参照系APIを利用するに際しては，甲が発行したアクセストークンおよびリフレッシュトークンを使用しなければならない。

コメント

本条は，Fintech企業がAPIにアクセスするためのトークンについて定めたものである。
1項では，クレジットカード企業のトークン発行義務を定めている。
2項では，Fintech企業がクレジットカード企業の提供するAPIの利用

のために,クレジットカード企業が発行したアクセストークンおよびリフレッシュトークンを利用しなければならないとすることを定めている。

このほかに,Fintech企業内でトークンを使用できる者を限定する条項や,トークンが流出した際の損害賠償義務を定めることもあり得よう。

第4条(顧客保護)

1　乙は,本件サービスの継続的提供に重大な影響を及ぼし,または及ぼすおそれのある事由(本件サービスの提供に利用するシステムに関する重大なシステム障害を含むがこれらに限られない。以下「事故等」という。)が発生した場合には,直ちに甲に報告するものとする。

2　事故等が発生した場合,甲および乙は,協働して当該事故等の発生原因を特定,除去するとともに,事故等による損害の拡大を防止するための措置および再発防止のための措置を講じるものとする。

3　事故等が発生した場合,前項に定める措置を講じるために必要となる費用は,甲および乙が,その過失割合に応じて負担する。甲および乙のいずれの責に帰すこともできない事由によるときは,甲乙誠実に協議のうえ決定するものとする。

4　甲または乙において不正アクセス又は情報流出もしくは漏えい等が判明した場合,別紙【3】(略)に記載する手順に従い,速やかに,甲においてはアクセス権限の制限,停止,取消を,乙においては本件サービスの提供の制限,停止を行うものとする。

5　甲および乙は,顧客に対する速やかな被害回復および補償を実現するため,本条第1項に定める事故等に限らず,不正アクセス等が発生した場合の対応窓口や,顧客に損害が生じた場合の補償および返金方法並びに補償範囲について,別紙【4】(略)のとおり合意する。

▶ コメント

　　本条は,Fintech企業が顧客に対し提供するサービスに問題(「事故等」)が発生した場合の対応等について定めたものである。クレジットカード企業としては,クレジットカード企業の顧客保護のためにも重要な条項となる。参照系APIにおいては,個人情報の流出やクレジットカードの利用の

履歴を外部から見ることができなくなるなどの不具合がリスクとなり，またクレジットカード番号が流出した場合，不正利用のリスクが発生する。更新系APIにおいては，クレジットカードの利用履歴が直接書き換えられるなどのリスクが生じるおそれがあり，それが発生した場合の損害は，参照系APIにおける事故等が発生した場合の損害と比べると相対的に大きくなる可能性がある。そのため，更新系APIの利用許諾の場合には，不正アクセス対策等をより厳重に行う必要が生じよう。

1項および2項は，事故等が発生した場合に甲および乙がとるべき措置が定められている。ここでの「事故等」はFintech企業側の提供するサービスに係る障害等を指すものの，「事故等」が発生した場合，クレジットカード企業の顧客の情報が流出するおそれがあり，ひいてはクレジットカード企業への信用も失われるリスクがある。そのため，クレジットカード企業としては，いち早く「事故等」の発生を知り，対策を講じる必要がある。このような理由から1項および2項が定められている。

3項は，「事故等」が発生した場合にとられる措置を講じた場合の費用負担について定めたものである。本項では2項に定める措置に必要な「費用」の全額が負担の対象となっているが，どこまでが必要な費用といえるかが争いとなるおそれがある。そのため，「費用（メディア対策費用，システム更新費用および弁護士費用を含むがこれに限られない。）」といった形で，想定される費用につき具体的に定めたほうがよい場合もある。また，「費用」が際限なく広がっていく可能性もあるため，「合理的な範囲の費用」といった形で費用を限定することも検討すべきである。

4項は，不正アクセス等が発生した場合の，クレジットカード企業およびFintech企業それぞれの対応について定めたものである。ここでは，別紙にこれを定めている。

なお検討会報告書3.3.4aは，「銀行およびAPI接続先は，不正アクセスが判明した場合に被害発生やその拡大を未然に防止する観点から，速やかに，銀行においてはアクセス権限の制限，停止，取消を，API接続先においてはサービス利用の制限，停止を行うことができるシステム設計・仕様としなければならない。」と定め，4項はこれに対応した規定となっている。

5項は，Fintech企業の顧客が不正アクセス等により被害を受けた場合の補償について定めたものである。ここでは，別紙にこれを定めている。

なお，本項は改正銀行法52条の61の10第1項および2項1号で義務づけられた内容に対応している。また，検討会報告書3.4.5cは，「銀行および

API接続先は、利用者に対して速やかな被害回復、補償等を図る観点から、不正アクセスや情報流出、不正送金、システム上の不具合等が発生した場合の対応窓口や、利用者に損害が生じた場合の補償・返金方法（含む、その主体）、補償範囲について、予め取り決めておかなければならない。」と定めており、これに対応した規定となっている。

第5条（モニタリング）
1 甲は、乙の情報セキュリティ体制の整備状況について、乙に定期的に報告を求めることができる。
2 甲は、乙の顧客保護体制等に関する適格性に懸念があると判断した場合には、乙に対し改善を求め、顧客保護の観点から必要な場合には乙のアクセス権限の制限、停止、取消を行うことができる。

▶コメント

　　本条は、クレジットカード企業によるFintech企業のモニタリングについて定めたものである。
　　1項は、Fintech企業の情報セキュリティ体制の整備状況の報告について定めたものである。整備状況だけではなく、運用状況について報告させてもよいであろう。
　　2項は、Fintech企業に顧客保護体制等に関する適格性の懸念がある場合に、クレジットカード企業がとることができる措置について定めている。
　　なお、本項は改正銀行法52条の61の10第2項2号で義務づけられた内容に対応している。また、検討会報告書3.4.1jは、「銀行は、API接続先の利用者保護体制等に関する適格性に懸念があると判断した場合にはAPI接続先に対して改善を求め、利用者保護の観点から必要な場合にはAPI接続先のアクセス権限の制限、停止、取消等を行わなければならない。」としており、これに対応した規定となっている。

第6条（禁止行為）
1 乙は、以下の行為を行ってはならない。
（1）本件参照系APIまたはAPIを経由してアクセスする甲のシステムもしくは甲のプログラムの全部もしくは一部につき、複製、改変、翻案、

解析，リバース・エンジニアリング，逆アセンブル，逆コンパイル等を行う行為
(2)　本契約に定める方法もしくは甲の指定する方法以外の方法または本契約の目的以外の目的により本件参照系APIを使用する行為
(3)　甲，甲の提携先，乙以外の本件参照系APIの利用者または第三者の財産・信用・名誉等を毀損する行為またはプライバシーに関する権利，肖像権その他の権利を侵害する行為
(4)　本件参照系APIから得た情報およびその派生情報を本契約の目的の範囲外で使用する行為
(5)　本件参照系APIを経由して甲のシステムにアクセスするためのトークン等の認証情報を第三者へ開示または漏えいする行為
(6)　甲の運営するサイトもしくはサーバその他甲のシステムに関し，コンピュータウイルスを感染させるまたはハッキング，改ざんもしくはその他の不正アクセスを行う等，甲のシステムの安全性を危殆化する行為
(7)　前各号に類する行為
2　甲は，乙が前項各号のいずれかに該当する行為を行ったと甲が合理的に認めたときは，乙に対し直ちに本件参照系APIの使用を停止するよう求めること，または，事前の通知もしくは催告なくして本件参照系APIの使用停止その他の方法により，本件サービスとの連携を停止することができる。

> コメント

　　本条は，Fintech企業の禁止行為について定めたものである。
　　1項は，Fintech企業の禁止行為を具体的に列挙したものである。4号では，Fintech企業が，APIを通じて得た情報を本契約の目的外で利用することを禁止しており，情報取得を目的とするAPI利用許諾契約においては重要な条項である。
　　2項は，Fintech企業が禁止行為を行った場合にクレジットカード企業がとりうる措置を定めている。ここでは，禁止行為を行ったことによって契約を解除するという定め方にはなっていない。Fintech企業の対応次第

では，再開できる余地を残しているものである。

　Fintech企業が禁止行為を行ったことを理由として，クレジットカード企業が契約を解除する場合，本契約14条の解除の定めにより解除することとなろうが，その場合，Fintech企業が禁止行為を行ったことが，「本契約について重大な違反があった場合」に該当するかどうかで争いが生じうる。そのため，クレジットカード企業としては，禁止行為があった場合には事前の通知もしくは催告なく本契約を解除できるように明記することもあり得よう。

第7条（甲の義務）

1　甲は，顧客が本件参照系APIを通じて本件サービスを受ける場合に，顧客の請求により本件情報が乙に対して提供されることについて，当該顧客から同意を取得するものとする。

2　甲は，顧客のクレジットカードの利用の情報その他の情報の外部への流出・漏えいもしくは不正利用が発生した場合またはそのおそれがある場合（顧客からその旨申告があった場合を含む。）には，乙に対し，直ちに報告するものとする。顧客のクレジットカードの利用の情報その他の情報の外部への流出・漏えい，その他の不正利用が発生した場合またはそのおそれがある場合，甲は，乙に対し，乙と連携して情報収集にあたるため，必要に応じ，クレジットカード情報，トークンその他の当該顧客を特定するために必要な情報を開示することができるものとする。

コメント

　本条は，クレジットカード企業の義務を定めたものである。

　1項は，本件情報がFintech企業に対し提供されることについて，クレジットカード企業が顧客から同意を取らなければならないとする。

　個人情報は本人の同意を得ない限り原則として第三者に提供することができない（個人情報保護法23条1項柱書）。本契約は個人情報の提供を目的とするため，クレジットカード企業は個人情報を第三者に提供する場合，顧客から同意を得る必要がある。本項は，個人情報保護法に基づき，クレジットカード企業が顧客から同意を得ることを義務づける意味がある。

　2項は，顧客のクレジットカードの利用の情報等の外部への流出等が発

生またはそのおそれがある場合の，Fintech企業への通知義務を定めたものである。

第8条（乙の義務）

1　乙は，顧客との間で締結する本件サービスの利用契約（顧客一般に適用される乙の本件サービスに関する利用規約の定めに従って締結される契約または規約も含まれる。）の内容および当該利用契約の各条項について，甲に対し事前に通知するものとする。乙は，本件サービスの方法および内容を変更し，利用契約の変更を行う場合にも，甲に事前に通知するものとする。

2　乙は，本件サービスに関し，コンピュータウイルスへの感染防止，第三者によるハッキング，改ざんまたはその他のネットワークへの不正侵入または情報漏えい等を防止するために必要な安全対策を，乙の費用と責任において講じるものとする。乙がかかる安全対策を怠ったことによる損害または損失の責任は乙が負うものとする。

コメント

　本条は，Fintech企業の義務を定めたものである。
　1項は，Fintech企業が顧客との間で締結する利用契約の内容および各条項を，クレジットカード企業に通知することを義務づけている。クレジットカード企業としては，リスク管理のため，Fintech企業が顧客との間で締結する利用契約の内容および各条項を知っておくことが重要である。
　3項は，Fintech企業によるセキュリティ対策を義務づけるものである。クレジットカード企業は一般的に高度なセキュリティ対策を施しているが，Fintech企業は必ずしもクレジットカード企業と同等のセキュリティ対策を講じているとは限らない。そのため，本項では，セキュリティ対策をFintech企業の義務と責任において講じることを定めている。クレジットカード企業としては，Fintech企業にクレジットカード企業と同等のセキュリティ対策を講じることを義務づけることも検討すべきである。

第9条（利用料）
本件参照系APIの利用の対価およびその支払条件は別途定めるものとする。

コメント

本条は，本件参照系APIの利用の対価を定めるものである。

本契約は，継続的契約であるため，月当たり，あるいは年当たりで対価を決めることが多いであろう。また，支払方法も定める必要がある。

なお，平成29年の民法改正によって，振込による弁済の効力について明文化された。銀行振込による支払についてとくに規定していなくとも，銀行振込による弁済が有効と解される余地があり，銀行振込による弁済を禁止したいのであれば，その旨規定しておくほうが安全である。

第10条（不可抗力による免責の一般条項）
本契約に基づく義務の履行遅滞または履行不能が，天災，労働紛争，停電，通信インフラの故障，公共サービスの停止，地震，嵐その他の重大な自然現象，暴動，政府の行為もしくは命令，テロ行為，および戦争等の不可抗力により生じた場合には，当該履行遅滞または履行不能につき，各当事者は相手方に対し責任を負わないものとする。ただし，顧客との関係で甲および乙が免責されない場合の責任分担は，甲乙協議のうえ行うものとするが，本契約において別段の定めがある場合にはこれに従う。

コメント

本条は，不可抗力免責を定めたものである。

一般的なものであるが，「通信インフラの故障」が不可抗力条項として定められていることが特徴的である。契約当事者であるクレジットカード企業あるいはFintech企業の内部でも通信インフラが整備されているのが一般的であり，そういった企業内部の通信インフラの故障については，不可抗力免責の対象から外すことも考えられよう。

なお，平成29年の民法改正によって，帰責事由＝過失を意味するのではなく，当事者の合意内容からの逸脱を帰責事由と考える理解が示されている。かかる観点からすれば，不可抗力条項を明確に定め，当事者間の合意

内容としてリスク分配を明確にしておくべきである。

第11条（甲による表明及び保証）

1　甲は，乙に対し，本契約の締結日において，別紙【5】（略）記載の事項が真実に相違ないことを表明および保証する。
2　甲は，前項で定める表明および保証の重大な違反に起因または関連して乙が損害，損失および費用（逸失利益および合理的範囲における弁護士費用も含む。以下「損害等」という。）を被った場合，かかる損害等について，乙に賠償する。
3　乙は，1項で定める表明および保証に重大な違反がある場合，本契約を解除することができる。本項にもとづく本契約の解約は，甲に対する損害賠償請求権の行使を妨げない。

コメント

　本条は，クレジットカード企業による表明保証を定めたものである。
　1項は，表明保証の内容を別紙に定めている。
　ここでは表明保証の内容は割愛しているが，情報取引の契約においては，取引の対象となる情報の正確性のリスクを当事者のいずれが負担するかが問題となる。情報は有体物でないため，情報には瑕疵担保責任の適用がないとする見解があり，情報取引契約では，情報の正確性については表明保証条項により担保する必要があろう。そのため，Fintech企業が取得することとなるクレジットカード利用の情報の正確性をクレジットカード企業が担保する場合は，表明保証条項において，Fintech企業が取得することとなるクレジットカード利用の情報が正確であることを表明保証する必要がある。
　また，表明保証違反については，債務不履行を構成しないとの考え方があり，疑義が生じないよう，2項および3項で表明保証違反の効果を定める条項を設けている。

第12条（乙による表明及び保証）

1　乙は，甲に対し，本契約の締結日において，別紙【6】（略）記載の事項が真実に相違ないことを表明および保証する。

2　乙は，前項で定める表明および保証の重大な違反に起因または関連して甲が損害，損失および費用（逸失利益および合理的範囲における弁護士費用も含む。以下「損害等」という。）を被った場合，かかる損害等について，甲に賠償する。
3　甲は，1項で定める表明および保証に重大な違反がある場合，本契約を解除することができる。本項にもとづく本契約の解約は，乙に対する損害賠償請求権の行使を妨げない。

> **コメント**
>
> 　本条は，Fintech企業による表明保証を定めたものである。
> 　1項は，表明保証の内容を別紙に定めている。ここでは，表明保証の内容は割愛しているが，クレジットカード企業としては，Fintech企業のセキュリティ対策について表明保証させることが重要である。
> 　2項および3項の表明保証違反の効果を定める条項については，前条の解説のとおりである。

第13条（契約期間）

1　本契約の期間は，平成○年○月○日より平成○年○月○日までの1年間とする。
2　契約終了日の6ヵ月前までに，甲または乙が相手方に対し書面により本契約を終了する旨通知しない限り，本契約は，1年間同一の条件にて自動的に更新され，以後も同様とする。ただし，甲は，合理的理由なく本契約の更新を拒絶しないものとする。

> **コメント**
>
> 　本条は，契約期間について定めたものである。
> 　2項ただし書は，合理的な理由のない更新拒絶を認めないこととしているが，これは現在，金融機関のAPIについてはFintech企業に対して広く公開していくことを前提として議論されていることを反映したものである。仮に，広く公開しないAPI接続の利用許諾であれば，ただし書はなくてもよい。
> 　また，参照系APIは更新系APIに比べリスクは低いため，参照系APIの

利用許諾における契約を更新しないことの合理的理由は，更新系APIの利用許諾における契約を更新しないことの合理的理由と比較して，狭く解釈される場合もあろう。

第14条（契約の終了）
1 甲または乙は，相手方に対し6ヵ月前に書面により通知することにより，本契約を解約することができる。ただし，甲は，合理的理由なく本契約を解約しないものとする。
2 甲および乙は，相手方が，以下の各号のいずれかの事由に該当する場合，事前に通知又は催告することなく，本契約を解約することができる。
  (1) 本契約について重大な違反があった場合。
  (2) 営業許認可，登録等について取消等の重大な処分を監督官庁等から受けた場合。
  (3) 所有する財産について，第三者から仮差押，仮処分，保全差押若しくは差押の命令，通知が発送されたとき，またはその他の強制執行の申立てを受けた場合。
  (4) 支払停止の状態になった場合または手形交換所の取引停止処分を受けた場合。
  (5) 破産，民事再生，会社更生，特別清算等の法的整理手続もしくは私的な整理手続の開始の申立てを行った場合，またはこれらについての申立てを受けた場合。
  (6) 解散，合併，会社分割，営業もしくは事業の全部または重要な一部の譲渡を決議した場合。
  (7) 本契約または乙が別途定める使用目的および使用範囲を超えて，本件参照系APIを使用した場合。
  (8) 前各号のほか，本契約上の義務の履行に重大な影響を及ぼす事由が発生した場合または本契約を存続させることが不適当と認められる相当の事由がある場合。
3 前2項にもとづく本契約の解約は，甲または乙の相手方に対する損害賠償請求権の行使を妨げない。

> **コメント**

　本条は，契約の終了について定めたものである。
　1項は，クレジットカード企業およびFintech企業の解約権について定められたものである。Fintech企業は理由のいかんを問わず，6ヵ月前の事前の通知により契約を解除することができる。一方，クレジットカード企業は「合理的な理由」がある場合に限り，契約を解約できる。「合理的な理由」について，参照系APIの利用許諾における契約を解約することの合理的理由は，更新系APIの利用許諾における契約を解約することの合理的理由と比較して，狭く解釈される場合もあろうことは前条の解説のとおりである。
　また，ここでは「解約」という表現を用いているが，これは将来に向かってのみ解除の効力を生じるとの趣旨で「解約」という表現を用いている。
　2項は，当事者が本契約を無催告解除できる場合を定めたものである。本条は，当事者の故意過失の有無を問うことなく，本項各号に定める事由がある場合には本契約を解除することができることとしている。現行の民法は債務不履行における契約の解除のために当事者の帰責事由を要求しているため，これに合わせたいのであれば，本項1号を「故意又は過失により本契約について重大な違反があった場合」とするのがよい。
　なお，平成29年の民法改正によって，債務者の帰責事由は解除の要件ではなくなる一方，債務不履行が債権者の帰責事由による場合には，債権者の解除が認められないこととなった。債務者側としては，契約の拘束力を強くしたい場合は債務者の帰責事由を解除要件に組み込む対応が考えられる一方，債権者側としては双方に帰責事由ある場合も契約の拘束力から解放されるように契約条項に組み込むなどの対応が考えられる。
　3項は，契約の解除とともに損害賠償請求ができることを確認的に定めたものである。

第15条（秘密保持義務）

1　甲および乙は，本契約に関し相手方より開示された情報その他本契約に関し知り得た情報であって，かつ，開示時において相手方より秘密情報である旨明示された情報のうち本件情報に該当しないもの（以下「秘密情報」という。）については，本契約の有効期間中および本契約終了後も厳に秘密として保持し，本契約の目的以外の目的に使用してはなら

ず，相手方の書面による事前の承諾なしに第三者に開示，漏えいしてはならない。ただし，関係監督官庁，裁判所，その他政府機関より要請があった場合および法令等に基づく場合は，開示者へ通知を行うことにより開示することができるものとする。
2 　前項の規定にかかわらず，以下の各号の一に該当する情報は秘密情報にあたらないものとする。ただし，個人情報保護法第2条第1項に定める「個人情報」の取扱いについては，以下に該当するものであるか否かにかかわらず，個人情報保護関連法令の規定に従うものとする。
　(1) 　相手方から開示された秘密情報によることなく独自に開発した情報
　(2) 　相手方から開示される以前に公知であった情報
　(3) 　相手方から開示された後に自らの責によらずに公知となった情報
　(4) 　相手方から開示される以前から自ら保有していた情報
　(5) 　正当な権限を有する第三者から守秘義務を負わずに取得した情報
3 　第1項に定義する秘密情報に本件情報および本件情報に何らかの削除，追加，変更または加工等した情報は含まれないものとし，本件情報に何らかの削除，追加，変更または加工等した情報の取り扱いは顧客の指示もしくは承諾に基づいて行うものとする。

コメント

　本条は，秘密保持義務について定めたものである。
　1項は，契約当事者双方の秘密保持義務を定めたものであり，一般的なものである。
　2項は，秘密情報に当たらないものを定めたものである。本契約では，API接続を通じて顧客のクレジットカードの利用の情報をFintech企業が取得することとなるため，個人情報の取り扱いについてとくに記載していることが特徴的である。
　3項は，本件情報および本件情報に何らかの削除，追加，変更または加工等した情報に関して定めたものである。本項では，本件情報に何らかの削除等をした情報については，顧客の指示等に基づき取り扱われることとされているが，実際にFintech企業が本件情報に何らかの削除等をすることを想定している場合には，より具体的にどのような取扱いとするかを明

記したほうがよい。とくに，Fintech企業が匿名加工情報とすることを検討している場合には，個人情報保護法との関係に留意したうえで契約に明記したほうがよいであろう。

第16条（損害賠償）

甲および乙は，本契約において別段の定めがない事項については，本契約に関連して，自己の責に帰すべき事由により他方当事者に与えた損害（間接損害も含むが，これに限られない。）を賠償するものとする。

> **コメント**
>
> 本条は，契約当事者が損害賠償義務を負う場合について定めたものである。一般的なものであるが，損害が間接損害も含むとされており，損害額が大きくなる可能性がある点に留意が必要である。

第17条（契約終了後の措置等）

1 本契約が期間満了，解約または解除により終了した場合，次の各号の定めに従う。
　(1) 乙は，自己の占有または管理下にある本件参照系APIおよびその派生物，本件参照系APIを通じて取得した個人情報その他の情報，並びにこれらに関連する資料として甲乙間で合意した資料（これらの複製物を含む。）のすべてを消去および破棄するものとする。ただし，乙および提携第三者が開発したアプリケーション等は，本項の対象とはならない。
　(2) 本契約の終了時において，有効期限未到来のアクセストークンおよび／またはリフレッシュトークンが存在する場合，甲および乙は，当該トークンを失効させ，または接続を遮断する等，トークンを利用できないようにするための措置を講ずるべく，互いに必要な協力をするものとする。
2 乙が前項の定めに従わなかったために乙に生じた損害または損失等に関し，甲は何らの責任を負わない。
3 本契約終了後（ただし，終了事由の如何を問わない。）であっても，

第4条，第10条から第12条，第14条第3項，第15条，第16条，第18条，第19条，第21条および本条は存続するものとする。

> **コメント**
> 　本条は，本契約が終了した場合の後処理について定めたものである。
> 　1項1号では，契約終了後の情報の消去等について定めている。本件情報を消去および破棄の対象とするか，契約当事者は十分に検討する必要がある。

第18条（譲渡）
　甲および乙は，相手方の書面による事前の承諾のない限り，本契約上の地位および本契約に基づく権利・義務の全部または一部を第三者に譲渡，承継，貸与または第三者のための担保に供してはならない。

> **コメント**
> 　本条は，契約上の権利義務の譲渡の禁止を定めた条項である。
> 　なお，平成29年の民法改正によって，譲渡禁止特約に反する債権の譲渡が有効となるほか，契約上の地位の移転が明文化されるなどしている。契約または債権債務の譲渡が行われた場合には，契約を解除することができる旨の条項を入れるなどの対応が必要であろう。

第19条（契約の成立および変更）
　本契約の成立および変更は，別段の定めのない限り，甲および乙の権限ある代表者もしくは代理人の記名捺印または電子署名法の要件を満たす電子署名のなされた文書または電磁的記録のみによりこれを行う。

> **コメント**
> 　本条は，契約の成立や変更を行うための手続きに関して定めたものであり，一般的なものである。

第20条（協議）
　本契約に規定がない事項および本契約に疑義が生じた事項については，甲および乙は誠実に協議する。

▶コメント
　　本条はいわゆる協議条項で，一般に特別の法的効果はないと考えられているが，わが国の実務上は規定されることが少なくない。

第21条（準拠法および合意裁判管轄）
1　本契約は日本法に準拠する。
2　本契約に関する紛争については，東京地方裁判所を第一審の専属的合意管轄裁判所とする。
　　以上，本契約成立の証として，［紙媒体で作成の場合：本書を２通作成し，甲乙は記名押印のうえ，各１通を保有する。／電子契約の場合：本書ファイルを作成し，甲乙は電子署名法の要件を満たす電子署名のうえ，各ファイルを保有する。］

▶コメント
　　本条は，準拠法および裁判管轄について定めたものである。
　　1項は，準拠法を定めている。Fintech企業は日本企業だけではなく外国に本店所在地を置く企業も多くあり，クレジットカード企業はそのようなFintech企業とAPI接続の利用許諾を行う可能性もあるので，準拠法の定めは重要である。
　　2項は，合意により管轄裁判所を定めておく条項である。本条のような合意がない場合は，一般的に被告の所在地（民事訴訟法４条），不法行為地（民事訴訟法５条９号）のほか，金銭的な訴えであれば，義務履行地（民事訴訟法５条１号）が管轄裁判所となる。また，意匠権や商標権，プログラムの著作物についての著作者の権利を除く著作者の権利などに関する訴えによる営業上の利益の侵害にかかる訴えについては，東京地方裁判所または大阪地方裁判所が管轄裁判所となる（民事訴訟法６条の２）。

7 IoT規約

1 IoTとは

IoTとは、「Internet of Things」の略であり、モノがインターネットに接続されることを意味する。IoTは、基本的に以下の三つのステップから構成される。

① 情報の取得

まず、モノに取り付けられたセンサーなどから周りの動きや環境（状況）についての情報を取得する。センサーには、人感センサー、加速度センサー、温度センサーなどさまざまなものが考えられる。

② 情報の転送・蓄積・分析

次に、取得された情報はネットワークによってクラウド等へ伝達・蓄積される。このようにして収集されたデータはビッグデータと呼ばれる。そして、このデータの分析にはAIが用いられることが少なくない。それらのデータを分析しビジネスにつなげる「ビッグデータ活用」が注目されており、その重要性はこれからますます大きくなっていくであろう。

③ 次のアクションを実施

そして、蓄積・分析された情報をもとに、モノがアクションを起こす。

たとえば、スマートウォッチでの健康管理を例にとると、①スマートウォッチに取り付けられた加速度センサー、心拍センサー、GPSなどによって、1日でどれくらい移動したかや心拍数の変化などの情報が取得される。そして、②その情報がクラウドに転送されることで、

他の端末（PCやスマートフォン等）でも確認することができるようになるとともにそれらの情報の蓄積・分析が行われる。③分析の結果をもとに，食事や運動についてアドバイスがなされ，より健康的な生活を送ることができるようになる，という仕組みである。

IoT技術は以下の図のように様々な分野において利用が検討されている。

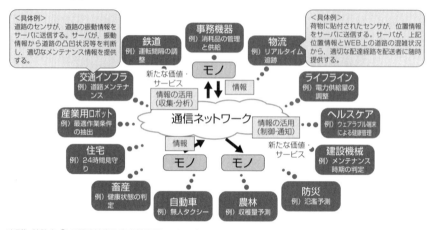

出所）特許庁「IoT関連技術の審査基準等について」

2　利用規約について

不特定多数のユーザーに対してIoTサービスを提供する場合，以下の二つの観点から利用規約を作成する必要がある。

①　ユーザーとの契約関係を基礎づける

不特定多数のユーザーに対してIoTサービスを提供する場合，それぞれのユーザーと契約交渉を行い，契約書を交わすことは現実的ではない。そのため，各ユーザーに共通の取り決めを利用規約に定めておき，ユーザーから利用規約について同意を得ることで，利用規約の内容をユーザーとの間の契約内容とする。

なお，民法改正により，第548条の2以下に「定型約款」に関する規定が設けられた。「定型約款」に該当する利用規約の作成にあたっては，改正民法の規定についても検討する必要がある。

② ユーザーからサービスに対する理解を得る

　ユーザーは，利用規約の確認を通じてサービスを利用するリスクを事前に知ることができるようになる。これにより，ユーザーとの間でトラブルが生じることを防ぐことができる。

　また，サービスの利用を開始した後にユーザーが権利関係などについて不安を持ったり，トラブルになったりした場合，事業者に問合せがなされる。このような場合，適切な利用規約が作成されていれば，利用規約に従って解決していくことで速やかな解決につながる。

　したがって，読みやすく理解しやすい利用規約を作成するよう心掛けることが重要となる。

3　契約書のケース設定

　本規約例では，農業機械製作会社が，農家に対してIoTサービスを提供する場合の利用規約を例に取り上げて検討する。

　なお，経済産業省は，平成30年6月に「AI・データの利用に関する契約ガイドライン―データ編―」を公表した。同ガイドラインは，データの利用に関する契約を，「データ提供型」「データ創出型」「データ共用型（プラットフォーム型）」という三つの類型に分類している。IoT規約は「データ創出型」の契約に分類することができるので，同ガイドラインの「データ創出型契約のモデル契約書案」が参考となる。

FSFサービス利用契約に関する会員規約

第1条（目的）

　FSFサービス利用契約（以下，「本契約」といいます。）に関する会員規約（以下，「本規約」といいます。）は，株式会社FUJITA（以下，「弊社」といいます。）とFSFサービス会員（以下，「会員」といいます。）との間の利用条件，権利義務等を，本契約の契約条項として定めることを目的とします。

本条は規約の目的について規定している。

第2条（定義）

次の用語の定義は，次のとおりとします。
(1) FSFサービス：弊社が提供するFUJITAスマートファームの農業支援サービス
(2) FSF対応機械：FSFサービスを利用するための機能を備えた弊社が指定する農業機械
(3) FSFモバイル：FSFサービスを利用するための機能を備えた弊社が指定する専用情報端末
(4) FSFアプリ：FSFサービスを利用するための機能を備えた弊社が指定するアプリケーションソフトウェア
(5) アカウント：パソコン，FSFモバイルに入力してFSFサービスを利用することのできるIDとパスワードの組み合わせによるFSF利用者の単位
(6) 親アカウント：アカウントのうち，会員に対して付与されたもの
(7) 子アカウント：アカウントのうち，会員が新規に登録したもの
(8) 個人情報：生存する個人に関する情報であって，当該情報に含まれる氏名，生年月日その他の記述等により特定の個人を識別することができるもの（他の情報と容易に照合することができ，それにより特定の個人を識別することができることとなるものを含む）
(9) 個人情報等：FSFサービスの利用に伴い弊社が入手する会員および会員よりアカウントを受けた利用者の個人情報その他の情報

本条は，利用規約で使われる用語の定義を規定している。用語の意義が明確になるように規定しておくことが必要である。

第3条（会員登録の成立）
1　会員となることを希望する者は，本規約に同意しなければならず，同意したうえで弊社所定の方法により本契約の申込みをするものとします。弊社は，会員となることを希望する者が申込みを行った時点で，同人が本規約に同意したものとみなします。
2　弊社は，前項の申込みを受けた場合，審査によって当該申込者が会員となることを承認したときは，当該申込者に対し，当該申込みを承諾する旨の通知を発送します。
3　前項の通知の発送時点で，弊社と当該申込者との間で本契約が成立し，弊社は当該申込者を会員登録します。

コメント

　　本条は，会員登録のための手続について規定している。会員が理解しやすいよう，手続をわかりやすく規定することが重要である。
　　本条1項は，会員登録の申込みの方法として同意のうえで申込みが必要であることを規定している。利用規約が契約の一部として認められるためにはユーザーの同意をきちんと得ることが必要なので，同意が必要であることを利用規約において明示しておくことが重要である。
　　本条3項は，本契約の成立時点を規定している。どの時点で契約が成立していたかは後々争いになる可能性があるので，明確に規定しておくことが重要である。

第4条（契約内容）
　本契約に関する契約条項は，本規約によって定められるものとしますが，本規約とFSFサービスに関わる諸規程の内容が異なる場合には，後に通知されたものが優先して適用されるものとします。

コメント

　1　「定型約款」について
　　　本条は，本契約の契約条項が本規約によって定められることを規定しているが，平成29年民法改正（以下，「民法改正」といい，これにより

改正された民法を「改正民法」という。）により，548条の2以下に「定型約款」に関する規定が設けられたので，利用規約の作成にあたっては改正民法の規定についても留意する必要がある。

「定型約款」とは次の①〜③の要件を満たすものをいう。

①：「定型取引」に用いられるものであること

「定型取引」とは次のいずれも満たす取引のことをいう。

①-ⅰ：特定の者が「不特定多数の者」を相手方として行う取引であること

①-ⅱ：取引の内容の全部または一部が画一的であることがその双方にとって合理的なものであること

②：契約の内容とすることを目的として準備されたものであること

③：当該定型取引の当事者の一方により準備されたものであること

2　みなし合意について

利用規約が以上の①〜③の要件を満たし「定型約款」に該当する場合には，改正民法548条の2第1項の個別条項についてのみなし合意が問題となる。すなわち，「定型取引」を行うことの合意をした者は，次のⓐまたはⓑの場合には，「定型約款」の個別の条項についても合意したものとみなされる。

ⓐ：「定型約款」を契約の内容とする旨の合意をしたとき

ⓑ：「定型約款」を準備した者があらかじめその定型約款を契約の内容とする旨を相手方に表示していたとき

本規約第4条は，「本契約に関する契約条項は，本規約によって定められるものとします」と規定しているが，ⓐまたはⓑに該当するのであれば，利用規約が①〜③の要件を満たし「定型約款」に該当する場合には，「定型約款」の個別の条項についても合意したものとみなされることになる。

3　不当条項規制について

改正民法548条の2第2項は，①相手方の権利を制限し，または相手方の義務を加重する条項であって，②当該定型取引の態様およびその実情ならびに取引上の社会通念に照らして民法1条2項に規定する基本原則に反して相手方の利益を一方的に害すると認められるものについては，合意しなかったものとみなすことを規定している。①，②は消費者契約法10条と同様の枠組みを採用するものである。

4　また，本条は，本規約とFSFサービスに関わる諸規程の優先関係につ

いても規定している。サービスを提供するにあたって規程が複数になる場合には，各規程間の優先関係を明示しておくことが重要である。

第5条（本規約の変更）

1　弊社は，FSFサービスのサービス内容改善等のため，本規約を変更することができるものとします。
2　本規約を変更しようとする場合，弊社は，会員に対し，事前に弊社所定の方法でその旨を通知するものとし，当該通知に表示された変更時期をもって，変更後の会員規約の効力が発生するものとします。

コメント

　本条1項は，会社が利用規約を変更できることを，本条2項は，利用規約を変更する場合の手続および変更の時期を規定している。

　規約の変更は，新しい領域のサービスでは比較的頻繁に行われる傾向がある。変更の都度，会員に変更内容を示し，承諾を得ることが本来取るべき手順と考えられるが，サービス提供者と会員の双方にとってそれは大きな負担となり現実的ではない。そのため，簡易な規約内容の変更の場合には，提供者から会員に対して変更内容を通知するにとどめ，承諾の確認を実施しないことが少なくない。

　そこで，民法改正により，所定の要件を満たせば，「定型約款」の変更をすることにより変更後の「定型約款」の条項について合意をしたものとみなし，個別に相手方と合意することなく契約の内容を変更することができると定められた（定型約款については本規約第4条参照）。

　改正民法548条の4第1項によれば，個別に相手方と合意することなく契約の内容を変更するためには，①定型約款の変更が，相手方の一般の利益に適合するか（1号），または，②定型約款の変更が，契約をした目的に反せず，かつ「変更の必要性，変更後の内容の相当性，この条の規定により定型約款の変更をすることがある旨の定めの有無及びその内容その他の変更に係る事情に照らして合理的なものである」（2号）ことが求められる。

　②の判断にあたっては，相手方に解除権を与えるなどの措置が講じられているか，個別の合意を得ようとすることにどの程度の困難を伴うかといった事情も考慮される。

改正民法においては，548条の4の規定により定型約款の変更をすることがある旨の定めの有無が考慮要素とされていることから，後述の【改正民法に対応した条項例】ではかかる定めを設けている。

なお，改正民法548条の4第2項によれば，定型約款を変更する場合，定型約款を準備した者は，インターネットの利用その他の適切な方法により，定型約款を変更する旨および変更後の定型約款の内容ならびにその効力発生時期を周知させる義務を負うので注意が必要である。

【改正民法に対応した条項例】
第○条（本規約の変更）
1　弊社は，FSFサービスのサービス内容改善等のため，民法第548条の4に基づき，本規約を変更することができるものとします。
2　本規約を変更しようとする場合，弊社は，会員に対し，事前に弊社所定の方法でその旨を通知するものとし，当該通知に表示された変更時期をもって，変更後の会員規約の効力が発生するものとします。

第6条（会員資格）
　FSFサービスの会員の資格は，次のとおりとします。
(1)　過去に弊社から本契約の解除または会員資格の取消しを受けたことがないこと
(2)　会員登録の申込みに際して，申告事項に事実に反する記載または重要な事実に関する記入漏れがないこと
(3)　会員の指定した預金口座，クレジットカードなどが有効であり，収納代行会社，クレジットカード会社，金融機関などにより利用の停止または制限の措置が取られていないこと
(4)　未成年，被補助人または被保佐人のいずれかである場合には，法定代理人，補助人または保佐人の同意を得た登録申込であること，または成年被後見人である場合には成年後見人による登録申込であること
(5)　いわゆる反社会的勢力に属する者でないこと

(6) その他弊社が会員登録することを不適当と認める理由がないこと

> **コメント**
> 　本条は，会員の資格について規定している。サービス提供者にとって好ましくない者が会員となることを防ぐために，会員資格については詳細に定めておくことが必要である。
> 　本条5号は，反社会的勢力に属するものでないことを会員資格としている。今日，反社会的勢力との交際発覚が非常に強い社会的非難を招きうることから，企業のリスク管理にとって暴力団との関係遮断は避けては通れない課題といえる。そこで，本号のように規定しておくことが重要である。

第7条（変更の届出）
1　会員は，氏名，会社名・組織名・屋号，住所，電話番号，メールアドレス，登録した農業機械，支払方法に変更があった場合には，弊社が指定する方法により速やかに変更の届出をしなければなりません。
2　会員が前項の届出を怠ったことにより自ら不利益を被った場合，弊社は一切責任を負わないものとします。

> **コメント**
> 　本条は，会員の情報等に変更があった場合の届出を義務づけている。サービス提供者にとって，会員の情報を正確に把握しサービスを適切に運用するため，速やかに変更の届出をしてもらうことが重要となる。

第8条（サービスの利用開始日）
　サービス利用開始日は，弊社が会員に対し会員登録完了の通知を行った日とします。

> **コメント**
> 　本条は，サービスの利用開始日を規定している。ユーザーに対して，サービスについて説明するという観点から重要な規定といえる。

第9条（FSF対応機械，FSFモバイルおよびパソコン等の用意）
1　会員は，FSFサービスを利用する場合には，次の物品等を自己の負担と責任において用意し，維持するものとします。
(1)　FSF対応機械
(2)　弊社が別途指定する仕様を満たすパソコン，これに付随する機器および通信回線等
(3)　弊社が別途指定したFSFモバイル機器，これの付属ソフトウェアおよび専用通信回線等（弊社よりFSFモバイルを購入した場合）
(4)　弊社が別途指定した仕様を満たしたFSFモバイル機器以外のスマートフォンまたは別途指定した仕様を満たしたAndroid端末および通信回線等（FSFアプリを利用した場合）
2　会員は，弊社より購入したFSFモバイルおよびこれに付随する機器について，当該端末等を提供するメーカーが保証する範囲でのみ保証を受けられるものとします。

コメント

　本条は，FSFサービスを利用するための周辺機器について規定している。

　IoTサービスを利用するためには，パソコン・スマートフォンなどを用意する必要があるので，誰の負担と責任においてそれらを用意し，維持しなければならないかを規定しておくことが重要となる。

第10条（FSFサービスの提供エリア）
　FSFサービスの提供エリアは，日本国内でインターネットサービスおよび全地球測位システム（GPS）が実際に利用可能なエリアとします。

コメント

　本条は，サービスの提供エリアを規定している。

第11条（FSFサービスの対応言語）

FSFサービスの対応言語は，日本語のみとします。

コメント

本条は，サービスの対応言語について規定している。

第12条（アカウント情報）

1　弊社は，会員に対し親アカウントを与えます。
2　会員は，当該会員の従業員およびこれに準ずる者に対してのみ，子アカウントを与えることができます。ただし，子アカウントの付与は，子アカウントを与えられた者が本規約に同意することが条件となります。
3　会員は，親アカウントおよび子アカウントの使用または管理に関する全責任を負うものとし，故意または過失のないことをもってその責任を免れることはできません。
4　親アカウントまたは子アカウントのいずれかによってFSFサービスが利用された場合，当該アカウントを付与された会員による利用とみなします。
5　会員は，正当な利用者以外の第三者に対して，親アカウントまたは子アカウントに関する情報を，開示，使用，貸与，譲渡，質入または名義変更等をしてはならないものとします。
6　会員は，親アカウントまたは子アカウントに関する情報の全部または一部について，漏えい，失念または第三者の使用が判明した場合，弊社に対して直ちにその旨を連絡し，弊社の指示に従うものとします。

コメント

本条は，アカウントの取扱いについて規定している。

本利用規約では，サービス提供者が会員に対して親アカウントを与え，利用者が従業員等に子アカウントを与えるという仕組みをとっている。本条を読むことでサービス利用者は，このような仕組みについて理解することができる。

また，本条3項にあるように，親アカウントの使用・管理だけでなく，

子アカウントの使用・管理によって問題が生じた際に誰が責任を負うのかについても規定しておくことが重要である。

第13条（会員の禁止事項）

1 　会員は，FSFサービスを利用するにあたって，以下の各号のいずれかに該当するおそれのある行為をしてはならないものとします。

（1）　本契約上の地位，本契約に基づく権利または義務の全部または一部を第三者に譲渡する行為

（2）　第12条５項に違反する行為

（3）　国内外の諸法令または公序良俗に反する態様によりFSFサービスを利用する行為

（4）　弊社または第三者の財産権（著作権等の知的財産権を含みます。），プライバシー等の権利を侵害する行為

（5）　弊社または第三者を誹謗中傷する行為

（6）　自動巡回ソフトなどを利用してログインし自動操作する行為

（7）　FSFサービスを利用するに際して，不適切なネットワーク利用により弊社に損害を与える行為

（8）　弊社が会員の行為として不適当であると判断して中止を指示した行為

（9）　申込みまたは弊社への書類・資料等の提出に際し虚偽の事項を記載または申告する行為

2 　会員が前項各号のいずれかに該当する行為または該当するおそれのある行為を行った場合，弊社はFSFサービスの全部または一部の提供を事前の通知を要しないで直ちに停止することができるものとします。

> **コメント**
>
> 　本条は，会員の禁止事項および禁止行為があった場合にサービスを停止することができる旨を規定している。
> 　サービス提供者にとって不都合な行為を会員に対して禁止することは重要なので，禁止事項を詳細に定めておくことが必要である。また，会員がある行為を行おうと考えた際に，当該行為が禁止事項にあたるのか否かの

判断がつきにくいと，行動が制限されたり，サービス提供者に問い合わせる必要があったりするなど手間がかかることになるので，禁止事項を明確に定めておくことも重要である。

第14条（第三者等との紛争）
　会員は，FSFサービスを利用するにあたって，会員間または会員と第三者との間で紛争が生じた場合には，自己の責任と費用をもってこれを処理解決するものとし，弊社は当該紛争には一切関与せず，その責任を負わないものとします。

コメント

　本条は，サービスを利用するにあたって会員間または会員と第三者との間で紛争が生じた場合について規定している。
　このような場合に，サービス提供者が紛争に巻き込まれないようにするため，当該紛争に一切関与せず，責任を負わない旨を規定しておくことが重要である。

第15条（FSFサービス内容の変更）
1　弊社は，会員の承諾を得ることなく，FSFサービスの内容を変更（一部についての追加，廃止，バージョンアップを含みます。）することができるものとします。
2　FSFサービスの内容を変更しようとする場合，弊社は，会員に対し，事前に弊社所定の方法でその旨を通知するものとし，当該通知の受領をもって会員は承諾したものとみなされます。
3　弊社は，第1項の変更によって会員が被った損害または損失等について，一切の責任を負わないものとします。

コメント

　本条は，サービス提供者が，会員の承諾を得ることなくサービスの内容を変更することができる旨を規定している。
　しかし，サービスの内容の重要な部分を変更する場合には会員の承諾を得ておいたほうが安全であろう。なぜなら，本条が「相手方の利益を一方

的に害する」不当条項と判断され，改正民法548条の2第2項により，本条については合意をしなかったものとみなされるおそれがあるからである（本条3項により一切の責任を負わないとしている点でも，「相手方の利益を一方的に害する」と判断される可能性が高まる）。

第16条（FSF対応機械譲渡時の取扱い）

会員は，第三者に対してFSF対応機械を譲渡する等により，当該FSF対応機械を保有しなくなった場合には，弊社に対して，速やかに弊社所定の方法で通知するものとします。会員がこれを怠ったことにより会員に発生した損害について，弊社は一切責任を負わないものとします。また，FSF対応機械の譲受人より依頼があった場合，弊社は会員に通知することなく，FSF対応機械を会員の農業支援情報の中の保有機から消去等できるものとします。

▶ コメント

本条は，会員がサービス対応機械を譲渡した場合の取扱いについて規定している。このような場合の取扱いを規定しておくことは，会員のサービスについての理解の促進に資するので重要といえる。

第17条（データ収集等の条件）

会員は，FSF対応機械との通信を正常に実施するためには，通信状況，FSF対応機械とFSFモバイルとの距離，FSF対応機械がエンジンキーオン状態にあること等，弊社所定の条件を満たす必要があることを，あらかじめ了承するものとします。

▶ コメント

本条は，データ収集等の条件について規定している。

IoTサービスにおいては，サービスを利用して得られるデータが大きな価値を持つ。そこで，データを収集するための条件について利用規約に規定しておき，きちんとデータを収集できるように会員の理解を促すことが重要である。

第18条（料金）

1 各料金については，次のとおりとします（全て税抜き価格）。
   (1) FSFサービス利用料：○○○○円／月
   (2) FSFモバイル機器代金：○○○○円／台※
   (3) FSFモバイル通信費：○○○○円／月（1台あたり）※
   (4) FSFモバイル初期登録費用：○○○○円／台※
   ※　弊社指定のFSFモバイル購入時のみ

2 弊社は前項の(1)，(3)については，毎月の初日から末日までの間を単位として計算し，翌月会員に請求します。なお，サービス利用日数に端数が生じた場合は日割り計算をせず，月単位での請求とし，会員は次条に記載した方法によってこれを支払うものとします。本条各項の場合も同様とします。

3 前項にかかわらず，新規申込の場合は弊社からの第3条第1項に定める通知をもってFSFサービス利用開始とし，その翌月からを請求対象月とします。

4 第1項の(2)および(4)の費用については，新規申込の場合は会員登録月の翌月を請求対象月とし，追加申込の場合は，原則FSFモバイル発送日の翌月を請求対象月とします。

5 弊社は，社会的経済的事情の変動等により価格が著しく不適当と判断した場合，第1項各号の価格を改定できるものとします。その際，弊社より既存の会員に対して3ヵ月前に通知するものとします。

コメント

　本条は，サービスの料金および請求の単位について規定している。サービス料金は，会員にとって最も関心の高い条項の一つなので，読みやすく，かつわかりやすく規定することが重要である。

第19条（料金の支払方法）

1 　会員は，弊社が指定する種類のクレジットカードにより，当該クレジットカード会社が定める条件（引落日含む）に基づき，前条の料金を支払うものとします。会員は，当該クレジットカードの会員番号もしくは有効期限が更新もしくは変更された場合，または当該クレジットカード資格を失った場合には，弊社が当該クレジットカード会社からその連絡を受けることがあることをあらかじめ了承します。なお，会員は，当該クレジットカードの会員番号または有効期限の更新または変更がなされた場合でも，継続して本件料金を当該更新または変更後のクレジットカードで支払うことをあらかじめ同意するものとします。なお，申込時，クレジット番号等の入力は当該クレジットカード会社の指定する画面上にて行うものとし，弊社は当該情報を一切保持しません。

2 　前項にかかわらず，次のいずれかに該当する場合は弊社から会員に対し，本件料金を直接請求する場合があります。
 (1)　クレジットカード会社の規定により本件料金等について，クレジットカードによるお支払いが承認されない場合
 (2)　クレジットカード会社の規定により，会員資格を喪失されている場合
 (3)　上記の他，弊社が必要と判断した場合

3 　会員とクレジットカード会社との間で紛争が発生した場合，当事者間で解決するものとし，弊社は当該紛争には一切関与せず，その責任を負わないものとします。

> **コメント**
>
> 　本条は，サービス料金の支払方法について規定している。会員がサービス料金を支払うにあたって混乱することのないように，料金の支払方法をわかりやすく規定しておくことが重要である。
>
> 　また，本条3項は，会員とクレジットカード会社との間で紛争が発生した場合について規定している。このような場合に，サービス提供者が紛争に巻き込まれないようにするため，当該紛争に一切関与せず，責任を負わ

ない旨を規定しておくことが重要である。

第20条（決済口座および決済カードの名義人等）
1　決済口座または決済カードの名義人は，会員本人名義のものに限ることとします。
2　会員は，会員名義等が変更になった場合は，速やかに決済口座または決裁カードの変更を行うものとし，弊社は，変更または解約の届出がない限り，従前の方法に従い，継続して利用料を請求するものとします。また，弊社は，変更または届出がないことに起因するトラブルについて，一切の責任を負わないものとします。

▶ コメント

　　本条は，決済口座および決済カードの名義人について規定している。これは，会員本人以外の名義の口座やカードを利用することによるトラブルを避けるためである。
　　本条2項は，会員名義等が変更になった場合について規定している。速やかに決済口座または決済カードの変更を行うように会員に義務づけることで，トラブルを避けることができる。また，サービス提供者としてはトラブルに巻き込まれないようにするため，当該トラブルについて一切責任を負わない旨を規定しておくことが重要である。

第21条（請求書および利用明細書の不発行について）
　弊社は，請求書および利用明細書の会員への発行は行わないものとします。会員が，利用したFSFサービスの利用明細について確認する場合には，弊社が別途指定する所定の電子データによる利用明細等にて確認するものとします。

▶ コメント

　　本条は，サービス提供者が請求書および利用明細書を発行しない旨および利用明細の確認方法を規定している。これによって会員はサービスについての理解を深め，円滑にサービスを利用することができる。

第22条 (個人情報等の取扱い)

1 弊社は,下記(2)で定める利用目的および弊社の個人情報保護方針記載の利用目的のために,下記(1)に定める個人情報等を取得し,これを安全に管理するものとし,会員はあらかじめこれに同意するものとします。

 (1) 個人情報等

　ア　FSFサービスの申込みに伴い弊社が取得した情報

　　会員名(法人名,団体名,代表者名),住所,電話番号,メールアドレス,農業機械情報(台数,型式,年式等)等,申込みに際して弊社が取得した一切の情報

　イ　FSFサービスの利用に伴い会員によって入力された情報

　　圃場情報,作付情報,作業記録,オペレーターの作業位置や農作物情報等,会員またはその利用者がFSFサービスを利用することで弊社が取得した一切の情報

　ウ　FSFサービスの利用に伴いFSF対応機械から自動的に取得される情報

　　農業機械の稼働情報(アワーメーター,エラー情報,機械の稼働診断)等,FSFサービスの利用に伴い自動的に取得される情報

　エ　その他,FSFサービスに関連して得た情報

　オ　FSFモバイル利用にあたっての情報

　　SIM固有ID,端末機番等

 (2) 利用目的

　ア　弊社の個人情報保護方針記載の利用目的のため

　イ　弊社が会員に対してFSFサービスを提供するため,およびFSFサービスの改良・開発をするため

　ウ　弊社から,お買い得情報,セール・行事,新商品および機械のメンテナンス提案等のご案内,広告等のため

　エ　弊社が統計データとして行う情報の収集および市場動向分析等のため

　オ　FSFサービスに関する会員との連絡のため

2 弊社は，前項(1)の個人情報等を，前項(2)の利用目的および弊社の個人情報保護方針記載の利用目的のために必要な範囲で，以下に定める弊社グループ会社に提供し共同利用できるものとし，会員はあらかじめこれに同意するものとします。

【弊社グループ会社】
- 株式会社FUJITA
- FUJITAアグリファームサービス株式会社
- FUJITA機械株式会社
- FUJITAシステム開発株式会社

3 弊社は，次の①〜③の利用目的のために，第1項(1)の個人情報等について，個人情報保護委員会規則19条に定める基準に従い，匿名加工等の必要な措置を講じた上で，利用または第三者への提供をすることができるものとします。
　① 新たな農業ITサービスの開発・研究のため
　② 新たな品種・農薬・肥料・農業機械の開発・研究のため
　③ 日本の農業および関連産業の発展のため

4 弊社は，従うべき法的義務のために必要がある場合は，前項の規定にかかわらず会員の個人情報等を開示することがあり，会員はあらかじめこれに同意するものとします。

5 会員は，弊社が取得した自己の個人情報等について，弊社の個人情報保護方針記載の方法により弊社に対して開示するように請求することができるものとします。弊社は，万が一個人情報等の内容が事実でないことが判明した場合には，速やかに訂正または削除に応じます。

6 会員の個人情報等の管理について責任を有する事業主は株式会社FUJITAとします。

> **コメント**
>
> 　本条は，個人情報等の取扱いについて規定している。
> 　まず，本条1項では，取得される個人情報を明示するとともに利用目的を特定して記載している。個人情報保護法によれば，事業者は個人情報を

取り扱うにあたっては，その利用目的をできる限り特定することが求められ（同法15条），あらかじめ本人の同意を得ないで，その特定された目的の達成に必要な範囲を超えて，個人情報を取り扱ってはならないとされている（同法16条1項）。また，取得される個人情報を明示しておくことが，サービス利用者の理解に資することになる。

本条2項は，サービス提供者が個人情報をグループ会社に提供し共同利用することができること，会員があらかじめそれに同意することを規定している。個人情報保護法によれば，事業者は，原則として，あらかじめ本人の同意を得ないで個人情報を第三者に提供してはならないが（同法23条1項），一定の条件を満たした共同利用は第三者提供には当たらないとされている（同法23条5項3号）。

すなわち，「特定の者との間で共同して利用される個人データが当該特定の者に提供される場合であって，その旨ならびに共同して利用される個人データの項目，共同して利用する者の範囲，利用する者の利用目的及び当該個人データの管理について責任を有する者の氏名又は名称について，あらかじめ，本人に通知し，又は本人が容易に知り得る状態に置いているとき」は，当該個人データの提供を受ける者は，第三者には当たらないとされている。

これらの条件を満たすように規定すべきであるが，これらの条件が満たされていないと判断された場合に備え，サービス利用者からの同意についても規定しておいたほうが安全であろう。

本条3項は，匿名加工情報の利用および第三者への提供を規定している。個人情報保護法は，特定の個人を識別することができないように個人情報を加工して得られる個人に関する情報であって，当該個人情報を復元することができないようにしたものを匿名加工情報と定義して（同法2条9項），通常の個人情報とは異なる規律を行っている。たとえば，通常の個人情報と異なり，事業者はあらかじめ本人の同意を得なくても，一定の情報を公表することで匿名加工情報を第三者に提供することができる（同法36条4項）。個人情報に対して匿名加工等の必要な措置を講じたうえで，利用または第三者提供をすることがありうることを明示しておくことが，サービス利用者の理解に資することになる。

本条5項は，会員が個人情報等を開示するように請求することができることを規定している。個人情報保護法は，本人は事業者に対し当該本人が識別される個人データの開示を請求することができると定めており（同法

28条1項），事業者が開示請求の方法を定めた場合には，本人はその方法に従って，開示請求を行わなければならないと定めている（同法32条1項）。開示請求をすることができる旨を明示することは，会員のサービスに対する理解に資することになり，開示請求の方法を定めておくことで会員をその方法に従わせることができる。

第23条（データの利用権限の配分）

1　FSFサービスの利用に伴い創出，取得または収集されたデータ（以下，「創出データ」といいます。）に対する利用権限の内容は，別紙1（略）において対象データの種類ごとにそれぞれ定められます。

2　創出データのうち，別紙1（略）に定めがないものの利用権限については，弊社および会員で別途協議のうえ定めるものとします。

3　弊社および会員は，別紙1（略）および前項により自己に認められた利用権限の範囲を超えて，創出データを利用，開示，譲渡（利用許諾を含む）および処分することはできません。

4　創出データの利用権限に基づき加工，分析，編集，統合等（以下，「加工等」といいます。）を行った結果得られた派生データについての利用権限は，加工等の対象となった創出データについての利用権限に準じるものとします。

コメント

　　本条は，IoTサービスの利用に伴い創出，取得または収集されたデータの利用権限について規定している。データの利用権限の有無について後々争いが生じないように，対象となるデータの範囲，利用権限を有する範囲，第三者提供の可否（第三者提供の条件を含む）または加工等の可否（加工等の方法を含む）について詳細に規定しておくことが重要となる。

　　本条では，利用権限の配分を別紙で規定しているが，別紙の規定の仕方としては次のようなものが考えられる。

【別紙1　創出データの利用権限】

	データ名	データ項目	対象期間	弊社の利用権限	会員の利用権限
1	××××	【機器名，センサ名等，データを特定するに足りる情報】	【2018.×.×～2019.×.×】の期間に取得されたもの	【利用目的】【第三者提供の可否】【加工等の可否】	【利用目的】【第三者提供の可否】【加工等の可否】

　ここでは，個別のデータごとに当事者の利用権限を規定しているが，当事者ごとにそれぞれが利用権限を有するデータを規定する方法も考えられる。いずれにせよ漏れがないように詳細に規定することが重要であるが，漏れが生じる可能性は残るので，別紙に定めがないものについては別途合意のうえ利用権限を定める旨を，本条2項のように規定しておくことが重要である。

　本条4項は，加工等の結果得られた派生データの利用権限について規定している。どのような派生データが得られ，派生データがどのような価値を有するかについては契約締結時点では不透明なことも少なくない。そこで，本条4項では，派生データの利用権限については別途協議のうえ定める旨規定している。

第24条（免責）

1　弊社は，メンテナンスの必要上，定期もしくは不定期にサービス提供を一時停止することがあります。その場合は，弊社は，会員に対して，事前にメンテナンスの時期，時間を通知します。

2　弊社は，次の事項については，一切の保証をしないものとします。

（1）会員がFSFサービスを通じて得る情報およびデータの完全性，正確性，確実性，有用性等。

（2）FSFサービスによる会員の育てる作物の収量および品質の向上や経営改善。

3　弊社は，次の事項については，一切の責任を負わないものとします。

（1）弊社が提供するFSFサービス以外での通信回線や弊社設備に属さない設備の状態。

（2）ダウンロード版のFSFアプリ利用に関連して生じたあらゆる損害等。

(3) 会員がFSFサービスの利用に関連して他の会員を含む第三者に与えた損害または損失等。
4　弊社は，申込時等に申込者が入力したクレジットカード番号の管理に関与しないため，クレジットカード番号の流出等に関わる問題に一切の責任を負わないものとします。
5　前各項に定めるほか，弊社は，弊社の責に帰すべき事由に基づく場合を除き，会員がFSFサービスの利用に関連して被った損害または損失等について，一切の責任を負わないものとします。

コメント

　本条は，サービスの一時停止がありうること，保証の否認および免責について規定している。メンテナンスの必要上，サービスの一時停止があることを事前に断っておき，会員に了解しておいてもらうことで，後々の不満を抑制することができる。

　また，サービスを利用する過程で，ユーザーに不利益や損害が生じる可能性があるので，その責任を一切負わないことを明示しておくことが重要となる。ただし，いかなる場合でもサービス提供者が責任を負わない旨を規定したとしても，改正民法548条の2第2項により不当条項と評価される可能性があり，契約内容に取り込まれない可能性がある。そこで，不当条項と評価されないように，サービス提供者が関与しない部分に関して生じた損害に範囲を限定して免責を規定することが考えられる。

第25条（不可抗力）

天災，事変その他の非常事態の発生により，FSFサービスの提供が不可能もしくは困難になった場合，弊社は一切の責任を負わないものとします。

コメント

　本条は，不可抗力によってサービスの提供が不可能もしくは困難になった場合に，サービス提供者は一切の責任を負わない旨を規定している。

　なお，平成29年の民法改正によって，帰責事由＝過失を意味するのではなく，当事者の合意内容からの逸脱を帰責事由と考える理解が示されている。かかる観点からすれば，不可抗力条項を明確に定め，当事者間の合意

内容としてリスク分配を明確にしておくべきである。

第26条（損害賠償）

1　会員は，FSFサービスの使用上の過誤やアカウント情報の管理不十分によりアカウントに関する情報を第三者に使用される等，FSFサービスの不適切な利用および不正行為により，弊社が損害または損失等を被った場合，弊社に対し，損害賠償責任を負うものとします。

2　弊社の責に帰すべき事由によりFSFサービスが停止したときには，当該停止が24時間を越える場合に限って，当該停止期間の属する月のFSFサービス利用料を限度に弊社はその責めを負うものとします。

▶コメント

　　本条は，サービス提供者および利用者の損害賠償責任について規定している。

　　サービスの不適切な利用および不正行為によりサービス提供者が損害を被った場合に，サービス利用者が損害賠償責任を負うことを明示しておくことは，サービス利用者に対してサービス利用にあたっての注意を喚起する意味もある。

　　なお，平成29年民法改正では，債務不履行に基づく損害賠償請求について，①帰責事由の不存在について債務者が立証責任を負うことが条文上明らかとなり（改正民法415条），②特別事情の基準につき，「予見し，又は予見することができた」との文言が，「予見すべきであった」との規範的表現に変更された（改正民法416条）。

　　損害賠償請求をする立場に立つ可能性が高い当事者は，特別事情につき「予見すべきであった」と立証できるように，目的条項等において契約の趣旨や債務不履行により債権者が被ることになる影響等を具体的に記載しておくほか，別途書面により債務者に告げておくことが重要である。

第27条（契約の終了）

1　会員は，弊社が指定する方法で弊社へ通知することにより，本契約を解約できるものとします。この場合，当該通知のあった日（土日祝日の場合はそれらの翌日）の属する月の末日をもって本契約は終了するもの

とします。
2　弊社は，1年前までに会員に通知することにより，本契約を解約することができるものとします。
3　弊社は，会員が以下のいずれかに該当する場合，何らの通知または催告もせず本契約を解約することができます。この場合において，会員は，弊社に対する債務があるときは，その全額を弊社の指定する方法で直ちに支払うものとします。なお，本項による解約の場合，当該解約のあった日の属する月の末日までの料金は当該会員の負担とします。
   (1)　本規約のいずれかに違反した場合
   (2)　IDまたはパスワードを不正に使用した場合
   (3)　会員登録後に第6条の会員資格に該当しないことが判明した場合，または登録後に会員資格に該当しないに至った場合
   (4)　FSFサービスの妨害行為その他弊社または弊社グループ会社との信頼関係を著しく害する行為を行った場合
   (5)　本件料金の支払いを遅延し，または支払いを拒否した場合
   (6)　破産，民事再生または会社整理の申立てがあった場合
4　前3項に基づき本契約を終了する場合，弊社は当該終了に伴い会員が被った損害，損失，その他の費用の賠償または補償等につき，一切の責任を負わないものとします。
5　本契約が終了した場合には，弊社はFSFサービスに基づいて弊社が保有する会員データ等を消去することができます。
6　事由の如何を問わず，本契約が終了した場合には，会員は弊社に対し，当該会員の負担でFSFモバイル内のSIMカードを返却するものとします。

コメント

　本条は，契約が終了する場合について規定している。とくに，どのような場合に契約を終了させることができるかについては，サービス提供者とサービス利用者の間で問題となることが多いので，明確かつ詳細に定めておくことが後の紛争の予防につながる。

本条3項3号は、会員登録後に第6条の会員資格に該当しないことが判明した場合、または登録後に会員資格に該当しないに至った場合の無催告解約を規定している。第6条では、反社会的勢力に属する者でないことが会員資格とされているので、反社会的勢力に属する者が会員であることが判明した場合、無催告解約をすることができる。

なお、東京都暴力団排除条例18条2項1号は、「契約の相手方又は代理若しくは媒介をする者が暴力団関係者であることが判明した場合には、当該事業者は催告することなく当該事業に係る契約を解除することができる」旨を定めるよう努めることを規定している。

なお、平成29年の民法改正によって、債務者の帰責事由は解除の要件ではなくなる一方（改正民法541条等参照）、債務不履行が債権者の帰責事由による場合には、債権者の解除が認められないこととなった（改正民法543条）。

債務者側としては、契約の拘束力を強くしたい場合は債務者の帰責事由を解除要件に組み込む対応が考えられる一方、債権者側としては双方に帰責事由ある場合も契約の拘束力から解放されるように契約条項に組み込むなどの対応が考えられる。

第28条（広告電子メール等の送信等）

1 弊社およびグループ会社は、会員等に対して本契約に関連する取引内容の説明・確認、利用料金等の通知その他重要なお知らせ等を行う際に、電子メールの送信や電話を行うことがあり、会員はそれに同意するものとします。
2 弊社は、前項の場合を除き、広告電子メールを送信するときには、あらかじめ広告電子メールを送信することにつき同意した者に、広告電子メールを送信するものとします。
3 会員等は、弊社から前項の広告電子メールの送信を希望しない場合には、弊社所定の方法にて弊社に通知することにより、弊社からの広告電子メールの送信を拒否することができるものとします。

コメント

本条は、広告電子メールの送信等について規定している。サービス提供

者から広告電子メールが届くことを嫌うサービス利用者も少なくないので，あらかじめ断っておくことが後のサービス利用者との紛争の予防につながる。

第29条（分離）

本規約のいずれか一部が無効である場合でも，本規約全体の有効性には影響がないものとします。

コメント

本条は，法改正や法令に基づく判断等により，規約の一部の条項が無効となった場合にも他の条項については効力が維持されることを規定している。規約によっては，無効となった条項の読み替え方について規約の類似条項を適用する等と記載する場合もある。

第30条（協議）

本規約に規定のない事項および規定された項目について疑義が生じた場合は，両者誠意をもって協議のうえ解決するものとします。

コメント

本条は，協議について規定している。

第31条（準拠法）

本契約の成立，効力，履行および解釈に関する準拠法は，日本法とします。

コメント

本条は，準拠法が日本法であることを規定している。海外の利用者がいる場合，準拠法についての規定を設けておかないと外国の法律に基づいて契約が解釈される可能性がある。外国の法律が適用されると対応が困難となるので，日本法が適用される旨を定めておく必要がある。

> **第32条(合意管轄)**
> 　会員と弊社の間での一切の紛争については,東京地方裁判所を第一審の専属的合意管轄裁判所とします。

🔲 コメント

　本条は,管轄裁判所について規定している。管轄裁判所についての規定を設けておかないと,サービス利用者の所在地で裁判を行わなければならないことになる可能性がありサービス提供者にとって不便となるので,サービス提供者の本拠地近くの裁判所を専属的合意管轄裁判所としておくことが必要である。

8 情報銀行利用契約に関する規約

　IoT機器の普及やAIの進化等により，多種多様かつ大量なデータを効率的かつ効果的に収集・共有・分析・活用することが可能になってきており，データを活用することで新規事業・サービスの創出，生産活動の高度化・効率化，国民生活の安全性および利便性の向上等が実現すると期待されている。しかし国民は，自らの関与を離れて個人に関するデータが事業者間で共有・活用されてしまうことに不安を感じており，事業者にとっても，このような国民の不安があることから大量のデータの活用に踏み切れないという実態がある。

　そこで，多種多様かつ大量のデータ（特に，パーソナルデータ）の円滑な流通を実現するためには，個人の関与の下でデータの流通・活用を進める仕組みが必要となる。かかる仕組みの一つとして議論されているのが，情報銀行である。

　情報銀行とは，個人とのデータ活用に関する契約等に基づき，PDS*等のシステムを活用して個人のデータを管理するとともに，個人の指示またはあらかじめ指定した条件に基づき個人に代わり妥当性を判断のうえ，データを第三者（他の事業者）に提供する事業のことである。

　　＊PDS（Personal Data Store）とは，他社保有データの集約を含め，個人が自らの意思で自らのデータを蓄積・管理するための仕組み（システム）であって，第三者への提供にかかる制御機能（移管を含む）を有するものである。

　データを提供した個人は，提供の対価として，事業者から直接または間接的に便益の還元を受けることができる。便益の内容としては，金銭または情報を提供した事業者の事業で使用することのできるクーポン等が考えられる。あるいは，個人が医療情報等を提供することで，医学の発展等を通じて社会全体に便益が還元される場合も考えられる。

情報銀行のサービスの形態としては，個人がデータの提供先まで決定する形態とデータの提供先を運用担当者に任せる形態が考えられる。後者の形態では，データを預かった事業者がデータを匿名化したうえで，第三者（他の事業者）に提供することが考えられているが，日本は海外と比べて個人データの外部提供に対する抵抗感が強いとの調査もあり，データのセキュリティおよび認定制度等によって不安感をいかに払拭することができるかが重要となる。本規約例では，個人がデータの提供先まで決定する形態を例にとって検討する。

　なお，「AI，IoT時代におけるデータ活用ワーキンググループ」は，平成29年3月に中間とりまとめを発表したが，そこではPDS，情報銀行，データ取引市場の事業を営む者等が取り組むことが望ましい事項として，以下の8つの事項が挙げられている。

---

(1) セキュリティ

　最新の技術動向，インシデント発生状況，取り扱うデータの重要性やリスク等を踏まえ，本人認証，通信や保存データの暗号化，バックアップ措置等の十分な対策を講ずること。

　また，消費者の安心感を高めるため，データの漏えいに対する備え，データの提供先のセキュリティレベルの把握状況等を消費者に分かりやすく示すこと。

(2) データの標準化，互換性の確保，データに関する権限の扱い

　各分野で関係者が連携して技術進歩やサービス提供形態の進展等に柔軟に対応できるような仕組み作りに努めること。

　利用規約等において，データの活用等に関する消費者，情報銀行等及びデータの提供先の権限や義務を予め明示する。

(3) 苦情・紛争処理手段

　個人情報を含めた多様なデータの取扱いに関する苦情の適切かつ迅速な処理及びそのための体制の整備に努めること。

　その際，消費者の信頼を高めるため，データ提供先に対する苦情についても第一次窓口として受ける体制を検討すること。

(4) データ流通・活用に関する透明性の確保

　サービス利用規約等において提供先，活用目的等を明示するなど，メリッ

ト等を消費者が理解した上でデータ流通・活用に同意できるような分かり易い仕組み。説明とインターフェースの整備に努めること。

(5) **トレーサビリティ，データポータビリティー，データ削除の確保**

消費者が，自らのデータがどの事業者に提供され，どのように活用されているかを確認でき，希望する場合には，利用を停止したり，データを他の事業者に移転したり，データを削除したりできる仕組みの提供に努めること。

(6) **適正な業務遂行の確保**

適正な業務施行を消費者に保証するような仕組み（基準とそれに基づく第三者認証等）の整備について，関係者で検討を進めること。

(7) **国民が自らのデータを管理することについての普及・啓発・教育**

自らのデータを管理することの重要性や責任，活用によるメリット等について国民・消費者の理解が深まるよう，マルチステークホルダーによる取り組みを推進すること。

(8) **流通するデータの正確性，質の高いデータを流通させる必要性**

データ取引市場においては，取引されるデータの質・信頼性の確保に努めること。

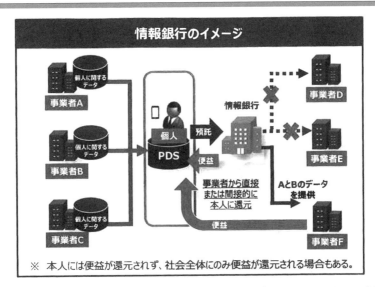

出所：内閣官房IT総合戦略室「AI，IoT時代におけるデータ活用ワーキンググループ中間とりまとめ概要」

データバンク利用契約に関する規約

第1条（目的）

　データバンク利用契約（以下，「本契約」といいます。）に関する規約（以下，「本規約」といいます。）は，株式会社FUJITA（以下，「弊社」といいます。）とデータバンク利用会員（以下，「会員」といいます。）との間の利用条件，権利義務等を，本契約の契約条項として定めることを目的とします。

コメント

　本条は規約の目的について規定している。

第2条（会員登録の成立）

1　会員となることを希望する者は，本規約に同意しなければならず，同意したうえで弊社所定の方法により本契約の申込みをするものとします。弊社は，会員となることを希望する者が申込みを行った時点で，同人が本規約に同意したものとみなします。
2　弊社は，前項の申込みを受けた場合，審査によって当該申込者が会員となることを承認したときは，当該申込者に対し，当該申込みを承諾する旨の通知を発送します。
3　前項の通知の発送時点で，弊社と当該申込者との間で本契約が成立し，弊社は当該申込者を会員登録します。

コメント

　本条は，会員登録のための手続について規定している。会員が理解しやすいよう，手続をわかりやすく規定することが重要である。
　本条1項は，会員登録の申込みの方法として同意のうえで申込みが必要であることを規定している。利用規約が契約の一部として認められるためには会員の同意をきちんと得ることが必要なので，同意が必要であることを利用規約において明示しておくことが重要である。
　本条3項は，本契約の成立時点を規定している。どの時点で契約が成立していたかは後々争いになる可能性があるので，明確に規定しておくこと

が重要である。

> **第3条（契約内容）**
> 本契約に関する契約条項は，本規約によって定められるものとしますが，本規約と本サービスに関わる諸規程の内容が異なる場合には，後に通知されたものが優先して適用されるものとします。

コメント

1　「定型約款」について

本条は，本契約の契約条項が本規約によって定められることを規定しているが，平成29年民法改正（以下，「民法改正」といい，これにより改正された民法を「改正民法」という。）により，改正民法548条の2以下に「定型約款」に関する規定が設けられたので，利用規約の作成にあたっては改正民法の規定についても留意する必要がある。

「定型約款」とは次の①〜③の要件を満たすものをいう。

　①：「定型取引」に用いられるものであること
　　「定型取引」とは次のいずれも満たす取引のことをいう。
　　　①−ⅰ：特定の者が「不特定多数の者」を相手方として行う取引であること
　　　①−ⅱ：取引の内容の全部または一部が画一的であることがその双方にとって合理的なものであること
　②：契約の内容とすることを目的として準備されたものであること
　③：当該定型取引の当事者の一方により準備されたものであること

2　みなし合意について

利用規約が，上記の①〜③の要件を満たし「定型約款」に該当する場合には，改正民法548条の2第1項の個別条項についてのみなし合意が問題となる。すなわち，「定型取引」を行うことの合意をした者は，次の⒜または⒝の場合には，「定型約款」の個別の条項についても合意したものとみなされる。

　⒜：「定型約款」を契約の内容とする旨の合意をしたとき
　⒝：「定型約款」を準備した者があらかじめその定型約款を契約の内容とする旨を相手方に表示していたとき

本規約第4条は，「本契約に関する契約条項は，本規約によって定め

られるものとします」と規定しているが、ⓐまたはⓑに該当するのであれば、利用規約が①〜③の要件を満たし「定型約款」に該当する場合には、「定型約款」の個別の条項についても合意したものとみなされることになる。
3　不当条項規制について
　改正民法548条の2第2項は、①相手方の権利を制限し、または相手方の義務を加重する条項であって、②当該定型取引の態様およびその実情ならびに取引上の社会通念に照らして民法1条2項に規定する基本原則に反して相手方の利益を一方的に害すると認められるものについては、合意しなかったものとみなすことを規定している。この①、②は消費者契約法10条と同様の枠組みを採用するものである。
4　また、本条は、本規約と本サービスに関わる諸規程の優先関係についても規定している。サービスを提供するにあたって規程が複数になる場合には、各規程間の優先関係を明示しておくことが重要である。

第4条（本規約の変更）

1　弊社は、本サービスのサービス内容改善等のため、本規約を変更することができるものとします。
2　本規約を変更しようとする場合、弊社は、会員に対し、事前に弊社所定の方法でその旨を通知するものとし、当該通知に表示された変更時期をもって、変更後の会員規約の効力が発生するものとします。

コメント

　　本条2項は、会社が利用規約を変更できることを、本条2項は、利用規約を変更する場合の手続および変更の時期を規定している。
　　規約の変更は、新しい領域のサービスでは比較的頻繁に行われる傾向がある。変更の都度、会員に変更内容を示し、承諾を得ることが本来取るべき手順と考えられるが、サービス提供者と会員の双方にとってそれは大きな負担となり現実的ではないであろう。そのため、簡易な規約内容の変更の場合には、サービス提供者から会員に対して変更内容を通知するにとどめ、承諾の確認を実施しないことが少なくない。
　　そこで、民法改正により、所定の要件を満たせば、「定型約款」の変更をすることにより、変更後の「定型約款」の条項について合意をしたもの

とみなし，個別に相手方と合意することなく契約の内容を変更することができると定められた（定型約款については本規約第4条参照）。

改正民法548条の4第1項によれば，個別に相手方と合意することなく契約の内容を変更するためには，①定型約款の変更が相手方の一般の利益に適合するか（1号），または，②定型約款の変更が，契約をした目的に反せず，かつ，「変更の必要性，変更後の内容の相当性，この条の規定により定型約款の変更をすることがある旨の定めの有無及びその内容その他の変更に係る事情に照らして合理的なものである」（2号）ことが求められる。

②の判断にあたっては，相手方に解除権を与えるなどの措置が講じられているか，個別の合意を得ようとすることにどの程度の困難を伴うかといった事情も考慮される。

改正民法においては，548条の4の規定により定型約款の変更をすることがある旨の定めの有無が考慮要素とされていることから，後述の【改正民法に対応した条項例】ではかかる定めを設けている。

なお，改正民法548条の4第2項によれば，定型約款を変更する場合，定型約款を準備した者は，インターネットの利用その他の適切な方法により，定型約款を変更する旨および変更後の定型約款の内容ならびにその効力発生時期を周知させる義務を負うので注意が必要である。

【改正民法に対応した条項例】
第○条（本規約の変更）
1　弊社は，本サービスのサービス内容改善等のため，民法第548条の4に基づき，本規約を変更することができるものとします。
2　本規約を変更しようとする場合，弊社は，会員に対し，事前に弊社所定の方法でその旨を通知するものとし，当該通知に表示された変更時期をもって，変更後の会員規約の効力が発生するものとします。

第5条（会員資格）
本サービスの会員の資格は，次のとおりとします。
(1)　過去に弊社から本契約の解除または会員資格の取り消しを受けたこと

がないこと
(2) 会員登録の申込みに際して，申告事項に事実に反する記載または重要な事実に関する記入漏れがないこと
(3) 会員の指定した預金口座，クレジットカードなどが有効であり，収納代行会社，クレジットカード会社，金融機関などにより利用の停止または制限の措置が取られていないこと
(4) 未成年，被補助人または被保佐人のいずれかである場合には，法定代理人，補助人または保佐人の同意を得た登録申込であること，または成年被後見人である場合には成年後見人による登録申込であること
(5) いわゆる反社会的勢力に属する者でないこと
(6) その他弊社が会員登録することを不適当と認める理由がないこと

> **コメント**
>
> 　　本条は，会員の資格について規定している。サービス提供者にとって好ましくない者が会員となることを防ぐために，会員資格については詳細に定めておくことが必要である。
> 　　本条5号は，反社会的勢力に属するものでないことを会員資格としている。今日，反社会的勢力との交際発覚が非常に強い社会的非難を招きうることから，企業のリスク管理にとって反社会的勢力との関係遮断は避けては通れない課題といえる。そこで，同項のように規定しておくことが重要である。

第6条（変更の届出）

1　会員は，氏名，会社名・組織名・屋号，住所，電話番号，メールアドレス，支払方法等に変更があった場合には，弊社が指定する方法により速やかに変更の届出をしなければなりません。
2　会員が前項の届出を怠ったことにより自ら不利益を被った場合，弊社は一切責任を負わないものとします。

> **コメント**
>
> 　　本条は，会員の情報等に変更があった場合の届出義務について規定している。

サービス提供者にとって，会員の情報を正確に把握しサービスを適切に運用するため，会員に速やかに変更の届出をしてもらうことが重要となる。

第7条（サービスの利用開始日）
　本サービスの利用開始日は，弊社が会員に対し会員登録完了の通知を行った日とします。

コメント
　本条は，サービスの利用開始日を規定している。サービスについて，会員に説明するという観点から重要な規定といえる。

第8条（データの収集）
1　会員は，直接あるいはデータの接続により，コントロールを希望する会員のデータを弊社のクラウド上に集積することができます。
2　データの接続は，アカウント認証API（Application Programming Interface）を使用して行われます。これは，ウェブサイトやアプリケーションにおいて，Facebook等のアカウントでログインできるように，一般的に使用されているのと同様の技術です。
3　会員は，本利用規約または関連する法律に基づいて禁止されていない場合にのみ，データの接続を行うことができます。弊社は，無権利または本規約あるいは法律に違反したデータの接続を不許可としたり取り消したりする権利を留保します。
4　会員は，いつでもデータの接続を中断することができます。データの接続が中断された場合，直ちにデータの取得と転送が停止されます。

コメント
　本条は，データの収集の方法について規定している。
　本規約では，主としてアカウント認証APIを使用してデータの接続を行い，データの収集を行うことを想定している（APIについては，158頁を参照）。どのような方法を用いてデータの収集を行うかを明記しておくことは会員の理解につながるので重要である。

第9条（プロフィール）
1 データの接続が行われると，データ共有希望者に向けて会員のデータの概要を示すプロフィールが作成されます。
2 プロフィールには，個々のデータの属性が表示されます。接続された個々のデータは，その属性に応じて高，中，低の値が与えられ，データの基本価格に影響します。この値は，当該属性のデータの市場における現在の需要によって決定されます。
3 会員は，自己のプロフィールをデータ購入希望者と共有することができます。

> **コメント**
>
> 本条は，プロフィールの作成とデータの価格の決定方法について規定している。
> サービスの設計の仕方によるが，本規約では，データの接続が行われた後プロフィールを作成し，かかるプロフィールをデータ共有希望者と共有することで，それを閲覧したデータ共有希望者がデータを共有することができるという形を想定している。一般的に情報銀行（データバンク）においては，データの市場における需要によってデータの価格が決定されるので，クレジットカードの購買情報等の需要の高いデータには高い価格がつくことが多いといえる。

第10条（データの共有）
1 データ共有希望者は，会員のプロフィールの閲覧を通じてデータの共有申請を行います。データの共有申請には，現金を対価とするものと，クーポン等を対価とするものがあります。
2 会員は，自己のアカウントから共有申請を閲覧することができ，共有申請を承諾するか否かを選択することができます。共有申請を承諾した場合，会員は，申請のあったデータをデータ共有希望者と共有する権限を弊社に対して与えたものとします。
3 弊社は，会員のデータを，申請を行ったデータ共有希望者との間でのみ共有します。

4　会員が現金を対価とする共有申請を承諾した場合，弊社は，30日以内に，データ共有希望者から支払われた金額を，会員の口座に対して入金します。会員がクーポンを対価とする共有申請を承諾した場合，会員は，データ共有希望者のウェブサイト等で利用することのできるクーポンのコードを受け取ることができます。

5　共有されたデータは，データ共有希望者のプライバシーポリシーの対象となります。弊社は，データ共有希望者の個人データの目的外利用について何ら責任を負いません。

6　会員は，データの共有の許可を撤回する権利を有します。この場合，弊社は，許可されていないデータの共有を直ちに停止します。

コメント

　本条は，データの共有について規定している。

　本規約では，データを共有することの対価として現金とクーポンを想定している。共有申請を承諾する手順，共有の範囲，共有の対価の受け取り方法について明確に規定しておくことが会員の理解に資する。

　本条5項は，共有されたデータがデータ共有希望者のプライバシーポリシーの対象となること，サービス提供者はデータ共有希望者の目的外利用については責任を負わないことが規定されている。サービス提供者としては，共有されたデータがどのように扱われるかについては責任を負わない旨を規定しておくことが重要である。

第11条（データの管理）

　弊社は，収集した会員のデータをクラウド上に保管・管理します。会員は，個人アカウントからクラウドにアクセスすることができ，自己のデータをコントロール下に置くことができます。

コメント

　本条は，データの保管および管理の方法について規定している。会員は提供したデータがどのように保管・管理されるかについて不安に感じることが少なくないので，データの保管・管理の方法については明確に規定しておくことが重要である。

本条は，個人をサポートしてデータを本人に代わり集約・管理し，本人のニーズに沿って第三者に提供するエージェントとしての役割を担う受託型のPDSとしての情報銀行を想定している。個人からデータを取得して企業等がデータを一ヵ所に集約するのではなく，データを個人の「手元」（たとえば，個人が管理可能なクラウドなど）に置き，その意思により管理可能にすることで，本人の納得感を得ながらデータの利活用を推進することができる。

第12条（データの内容）
　会員は，弊社に対して提供するデータの内容の正確性について責任を負います。会員は，弊社がそれらについて責任を負わないことに同意します。

> コメント

本条は，データの内容の正確性についてはサービス提供者ではなく，会員が責任を負う旨が規定されている。
会員からサービス提供者に収集されたデータは，サービス提供者を介して事業者において利用されるので，事業者にとってはその内容の正確性が重要となる。サービス提供者としては，事業者からデータの内容が不正確であることを理由とした損害賠償請求がないとはいえないので，データの正確性については責任を負わない旨を規定しておくことが重要である。

第13条（弊社の義務）
　弊社は，本契約に従い，会員に本サービスを利用させなければなりません。弊社は，本サービスに適用される法令を遵守しなければなりません。

> コメント

本条は，サービス提供者の義務を規定している。会員にサービスを提供すること，法令を遵守することは当然のことであるが，会員に安心感を与えるために明示的に規定しておくことが重要である。
なお，個人が効果的に事業者を選択し，かつ安心してサービスを利用することが可能となるよう，サービスの信頼性・利便性を確保する体制を備えた情報銀行を認定する民間の自主認定制度が検討されている。自主認定制度が発足した場合には，認定を保持することをサービス提供者の義務と

して規定することも考えられる。

第14条（会員の義務）
1 　会員は，法律および本契約を遵守しなければなりません。
2 　本サービスの停止の原因または会員の本規約あるいは法律違反の疑いを調査する必要がある場合，会員は，弊社に協力しなければなりません。
3 　会員は，会員のアカウントを通じた本サービスの不正利用その他のセキュリティ違反を発見した場合は，弊社に直ちに通知しなければなりません。

コメント

　　本条は，会員の義務を規定している。本条2項では調査への協力義務が，本条3項ではセキュリティ違反の通知義務が規定されている。

第15条（アカウント情報）
1 　弊社は，会員に対しアカウントを与えます。
2 　会員は，アカウントの使用または管理に関する全責任を負うものとし，故意または過失のないことをもってその責任を免れることはできません。
3 　会員は，正当な利用者以外の第三者に対して，アカウントに関する情報を，開示，使用，貸与，譲渡，質入または名義変更等をしてはならないものとします。
4 　会員は，アカウントに関する情報の全部または一部について，漏えい，失念または第三者の使用が判明した場合，弊社に対して直ちにその旨を連絡し，弊社の指示に従うものとします。

コメント

　　本条2項は，アカウントの使用・管理によって問題が生じた際に，会員が全責任を負うことを規定している。アカウントの使用管理上の問題が生じることは少なくないので，誰が責任を負うかを明確に規定しておくことが重要である。

また，本条3項または4項にあるように，アカウントの使用の適正を確保するための禁止事項およびアカウント情報の漏えい等が判明した場合の対応について規定しておくことが重要である。

第16条（会員の禁止事項）

1　会員は，本サービスを利用するにあたって，以下の各号のいずれかに該当するおそれのある行為をしてはならないものとします。
　(1)　本契約上の地位，本契約に基づく権利または義務の全部または一部を第三者に譲渡する行為
　(2)　第15条3項に違反する行為
　(3)　国内外の諸法令または公序良俗に反する態様により本サービスを利用する行為
　(4)　弊社または第三者の財産権（著作権等の知的財産権を含みます。），プライバシー等の権利を侵害する行為
　(5)　弊社または第三者を誹謗中傷する行為
　(6)　自動巡回ソフトなどを利用してログインし自動操作する行為
　(7)　本サービスを利用するに際して，不適切なネットワーク利用により弊社に損害を与える行為
　(8)　弊社が会員の行為として不適当であると判断して中止を指示した行為
　(9)　申込みまたは弊社への書類・資料等の提出に際し虚偽の事項を記載または申告する行為
2　会員が前項各号のいずれかに該当する行為または該当するおそれのある行為を行った場合，弊社は本サービスの全部または一部の提供を事前の通知を要しないで直ちに停止することができるものとします。

コメント

本条は，会員の禁止事項および禁止行為があった場合にサービスを停止することができる旨を規定している。サービス提供者にとって不都合な行為を会員に対して禁止することは重要なので，禁止事項を詳細に定めておくことが必要である。また，会員がある行為を行おうと考えた際に，当該

行為が禁止事項に当たるのか否かの判断がつきにくいと，行動が制限されたりサービス提供者に問い合わせる必要があったりするなど手間がかかることになる。禁止事項を明確に定めておくことも重要である。

第17条（知的財産権）

1　会員は，本サービスの利用に伴い，営業秘密・発明・商標・著作権その他の知的財産権，所有権を失いません。

2　本サービスは，日本法および外国法に準拠した知的財産権によって保護されています。本規約は，本サービス，弊社の商標・ロゴその他の知的財産権および他の会員のコンテンツに関して，いかなる権利も会員に対して付与するものではありません。

コメント

　　本条は，知的財産権について規定している。本条1項は会員の知的財産権について，本条2項はサービス提供者または他の会員の知的財産権について規定している。

第18条（国際アクセス）

　　日本国外から本サービスを使用する会員は，日本および会員が所在する国の輸出入に関連する法令等を遵守しなければなりません。会員は，弊社のサービスを利用することにより，個人情報を日本国に転送し，処理することに同意するものとします。会員は，輸出入に関連する法令等に基づき禁止または制限されている国に所在するまたは籍を有する個人または組織でないことを表明し保証します。

コメント

　　本条は，国際アクセスについて規定している。
　　データの取引とはいえ，各国の輸出入関連法規の対象となるおそれがあるので，本条のように規定しておくことが考えられる。

第19条（個人情報等の取扱い）
1 弊社は，下記(2)で定める利用目的および弊社の個人情報保護方針記載の利用目的のために，下記(1)に定める個人情報等を取得し，これを安全に管理するものとし，会員はあらかじめこれに同意するものとします。
　(1) 個人情報等
　　　ア　本サービスの申込みに伴い弊社が取得した情報
　　　　　会員名（法人名，団体名，代表者名），性別，住所，職業，電話番号，メールアドレス等，申込みに際して弊社が取得した一切の情報
　　　イ　本サービスの利用に伴い，直接あるいはデータの接続により収集された情報
　　　　　購買情報，位置・移動情報，生活情報，趣味嗜好情報，医療情報等，本サービスの利用に伴い弊社に収集された情報
　　　ウ　その他，本サービスに関連して得た情報
　(2) 利用目的
　　　ア　弊社の個人情報保護方針記載の利用目的のため
　　　イ　弊社が会員に対して本サービスを提供するため，および本サービスの改良・開発をするため
　　　ウ　弊社から，新サービス等のご案内，広告等のため
　　　エ　弊社が統計データとして行う情報の収集および市場動向分析等のため
　　　オ　本サービスに関する会員との連絡のため
2 弊社は，前項(1)の個人情報等を，前項(2)の利用目的および弊社の個人情報保護方針記載の利用目的のために必要な範囲で，以下に定める弊社グループ会社に提供できるものとし，会員はあらかじめこれに同意するものとします。
【弊社グループ会社】
・株式会社FUJITA
・FUJITAシステム開発株式会社
3 弊社は，従うべき法的義務のために必要がある場合は，前項の規定に

関わらず会員の個人情報等を開示することがあり，会員はあらかじめこれに同意するものとします。
4　会員は，弊社が取得した自己の個人情報等について，弊社の個人情報保護方針記載の方法により弊社に対して開示するように請求することができるものとします。弊社は，万が一個人情報等の内容が事実でないことが判明した場合には，速やかに訂正または削除に応じます。
5　会員の個人情報等の管理について責任を有する事業主は株式会社FUJITAとします。

コメント

　本条は，個人情報等の取扱いについて規定している。
　まず本条1項では，取得される個人情報を明示するとともに，利用目的を特定して記載している。個人情報保護法によれば，事業者は個人情報を取り扱うにあたっては，その利用目的をできる限り特定することが求められ（同法15条），あらかじめ本人の同意を得ないで，その特定された目的の達成に必要な範囲を超えて個人情報を取り扱ってはならないとされている（同法16条1項）。また，取得される個人情報を明示しておくことが，サービス利用者の理解に資することになろう。
　本条2項は，サービス提供者が個人情報をグループ会社に提供し共同利用することができること，会員はあらかじめそれに同意することを規定している。個人情報保護法によれば，事業者は，原則として，あらかじめ本人の同意を得ないで個人情報を第三者に提供してはならないが（同法23条1項），一定の条件を満たした共同利用は第三者提供には当たらないとされている（同法23条5項3号）。
　すなわち，「特定の者との間で共同して利用される個人データが当該特定の者に提供される場合であって，その旨並びに共同して利用される個人データの項目，共同して利用する者の範囲，利用する者の利用目的及び当該個人データの管理について責任を有する者の氏名又は名称について，あらかじめ，本人に通知し，又は本人が容易に知り得る状態に置いているとき」は，当該個人データの提供を受ける者は，第三者には当たらないとされている。
　これらの条件を満たすように規定すべきであるが，これらの条件が満たされていないと判断された場合に備え，サービス利用者からの同意につい

ても規定しておいたほうが安全であろう。

　本条4項は，会員が個人情報等を開示するように請求することができることを規定している。個人情報保護法は，本人は事業者に対し当該本人が識別される個人データの開示を請求することができると定めており（同法28条1項），事業者が開示請求の方法を定めた場合には，本人はその方法に従って，開示請求を行わなければならないと定めている（同法32条1項）。開示請求をすることができる旨を明示することは，会員のサービスに対する理解に資することになり，開示請求の方法を定めておくことで会員をその方法に従わせることができる。

第21条（サービスの一時停止）

1　弊社は，次の場合には，何ら責任を負うことなく，いつでも本サービスの提供の全部または一部を停止することができます。

(1)　会員が本規約に違反した，または違反していると弊社が合理的に判断した場合

(2)　会員が法令に違反した，または違反していると弊社が合理的に判断した場合

(3)　会員が違反の疑いまたは技術的欠陥に対する弊社の調査に協力しない場合

(4)　会員のアカウントが権限を有しない第三者によって利用されるなどアカウントのセキュリティが何らかの方法によって侵されていると弊社が判断した場合

(5)　ネットワーク，顧客，商業的利益その他の重要な利益を保護するために，本サービスの一時停止が合理的に必要と弊社が判断した場合

(6)　法律または行政機関によって本サービスの一時停止を求められた場合

2　弊社は，本サービスの一時停止を行うにあたって，会員に対し，合理的な事前通知を行うとともに，一時停止の根拠事由を是正する機会を会員に対し提供します。

> **コメント**
>
> 　本条は、サービスの一時停止がありうること、保証の否認および免責について規定している。メンテナンスの必要上、サービスの一時停止があることを事前に断っておき、会員に了解しておいてもらうことで、後々の不満を抑制することができる。

第22条（免責）

1　弊社は、明示的にも黙示的にも、本サービスについていかなる保証もいたしません。本サービスは現状のまま提供されます。弊社は、商品適格性、特定の目的への適合性および非侵害性の保証も否認します。
2　弊社は、弊社の責に帰すべき事由に基づく場合を除き、会員が本サービスの利用に関連して被った損害または損失等について、一切の責任を負わないものとします。
3　前項の規定は、弊社が損害の可能性を警告されているかどうかにかかわりません。
4　弊社およびその関連会社の責任は、総計で〇〇円を超えません。

> **コメント**
>
> 　本条は、保証の否認および免責について規定している。サービスを利用する過程で、ユーザーに不利益や損害が生じる可能性があるので、その責任を一切負わないことを明示しておくことが重要である。
>
> 　ただし、いかなる場合でもサービス提供者が責任を負わない旨を規定したとしても、改正民法548条の2第2項により不当条項と評価される可能性があり、契約内容に取り込まれない可能性がある。
>
> 　その場合に備え、サービス提供者としては責任の限度額を規定しておくことが重要となる。限度額の例としては、一定期間にサービス提供者が受領した利用料金などが考えられる。

第23条（不可抗力）

　天災、事変その他の非常事態の発生により、本サービスの提供が不可能若しくは困難になった場合、弊社は一切の責任を負わないものとします。

> **コメント**
>
> 　本条は，不可抗力によってサービスの提供が不可能もしくは困難になった場合に，サービス提供者は一切の責任を負わない旨を規定している。
>
> 　なお，平成29年の民法改正によって，帰責事由＝過失を意味するのではなく，当事者の合意内容からの逸脱を帰責事由と考える理解が示されている。かかる観点からすれば，不可抗力条項を明確に定め，当事者間の合意内容としてリスク分配を明確にしておくべきである。

第24条（損害賠償）

1　会員は，本サービスの使用上の過誤やアカウント情報の管理不十分によりアカウントに関する情報を第三者に使用される等，本サービスの不適切な利用および不正行為により，弊社または弊社の関連会社が損害または損失等を被った場合，弊社に対し，損害賠償責任を負うものとします。

2　弊社の責に帰すべき事由により本サービスが停止したときには，当該停止が24時間を越える場合に限って，弊社はその責めを負うものとします。

> **コメント**
>
> 　本条は，サービス提供者および利用者の損害賠償責任について規定している。サービスの不適切な利用および不正行為によりサービス提供者が損害を被った場合に，サービス利用者が損害賠償責任を負うことを明示しておくことは，サービス利用者に対してサービス利用にあたっての注意を喚起するという点でも意味がある。
>
> 　なお，平成29年民法改正では，債務不履行に基づく損害賠償請求について，①帰責事由の不存在について債務者が立証責任を負うことが条文上明らかとなり（改正民法415条），②特別事情の基準につき，「予見し，又は予見することができた」との文言が，「予見すべきであった」との規範的表現に変更された（改正民法416条）。
>
> 　損害賠償請求をする立場に立つ可能性が高い当事者は，特別事情につき「予見すべきであった」と立証できるように，目的条項等において契約の趣旨や債務不履行により債権者が被ることになる影響等を具体的に記載しておくほか，別途書面により債務者に告げておくことが重要である。

第25条 (契約の終了)

1 会員は，アカウントを削除することにより，いつでも本契約を解約できるものとします。ただし，会員は，合理的な期間，削除されたコンテンツがバックアップコピーに残る可能性があることに同意するものとします。弊社は，会員のアカウントの削除に起因するデータの損失について一切責任を負いません。
2 弊社は，6ヵ月前までに会員に通知することにより，本契約を解約することができるものとします。
3 弊社は，会員が以下のいずれかに該当する場合，何らの通知または催告もせず本契約を解約することができます。この場合において，会員は，弊社に対する債務があるときは，その全額を弊社の指定する方法で直ちに支払うものとします。なお，本項による解約の場合，当該解約のあった日の属する月の末日までの料金は当該会員の負担とします。
  (1) 本規約のいずれかに違反した場合
  (2) IDまたはパスワードを不正に使用した場合
  (3) 会員登録後に第5条の会員資格に該当しないことが判明した場合，または登録後に会員資格に該当しないに至った場合
  (4) 本サービスの妨害行為その他弊社または弊社グループ会社との信頼関係を著しく害する行為を行った場合
  (5) 破産，民事再生または会社整理の申立があった場合
4 前3項に基づき本契約を終了する場合，弊社は当該終了に伴い会員が被った損害，損失，その他の費用の賠償または補償等につき，一切の責任を負わないものとします。
5 本契約が終了した場合には，弊社は本サービスに基づいて弊社が保有する会員データ等を消去することができます。

コメント

　本条は，契約が終了する場合について規定している。とくに，どのような場合に契約を終了させることができるかについては，サービス提供者とサービス利用者の間で問題となることが多いので，明確かつ詳細に定めて

おくことが後の紛争の予防につながる。
　本条１項は，会員による解約について規定している。解約した後も削除されたコンテンツがコンピューター上に残る可能性があるので，その点について会員の同意を得ておくことが重要である。
　本条２項は，サービス提供者による解約について規定している。解約に事前の通知を要しないとすることも考えられるが，突然の解約によって会員に予想外の不利益が生じる可能性があることから，本条２項では６ヵ月の予告期間を設けている。
　本条３項３号は，会員登録後に第５条の会員資格に該当しないことが判明した場合，または登録後に会員資格に該当しないに至った場合の無催告解約を規定している。第５条では，反社会的勢力に属する者でないことが会員資格とされているので，反社会的勢力に属する者が会員であることが判明した場合，無催告解約をすることができる。
　なお，東京都暴力団排除条例18条２項１号は，「契約の相手方又は代理若しくは媒介をする者が暴力団関係者であることが判明した場合には，当該事業者は催告することなく当該事業に係る契約を解除することができる」旨を定めるよう努めることを規定している。

第27条（分離）
本規約のいずれか一部が無効である場合でも，本規約全体の有効性には影響がないものとします。

コメント

　本条は，法改正や法令に基づく判断等により，規約の一部の条項が無効となった場合にも，他の条項については効力が維持されることを規定している。規約によっては，無効となった条項の読み替え方について，規約の類似条項を適用する等と記載する場合もある。

第28条（協議）
本規約に規定のない事項および規定された項目について疑義が生じた場合は，両者誠意をもって協議のうえ解決するものとします。

> **コメント**
>
> 本条は，協議について規定している。

第29条（準拠法）

本契約の成立，効力，履行および解釈に関する準拠法は，日本法とします。

> **コメント**
>
> 本条は，準拠法が日本法であることを規定している。
>
> 海外の利用者がいる場合，準拠法についての規定を設けておかないと，外国の法律に基づいて契約が解釈される可能性がある。外国の法律が適用されると対応が困難となるため，日本法が適用される旨を定めておく必要がある。

第30条（合意管轄）

会員と弊社の間での一切の紛争については，東京地方裁判所を第一審の専属的合意管轄裁判所とします。

> **コメント**
>
> 本条は，管轄裁判所について規定している。
>
> 管轄裁判所についての規定を設けておかないと，サービス利用者の所在地で裁判を行わなければならないことになる可能性があり不便となるので，近くの裁判所を専属的合意管轄裁判所としておくことが必要である。

9 秘密保持契約書

　本契約例は、2社が特定の技術についての共同研究を行うことに向け、共同研究の条件を話し合うために相互に秘密情報を開示する場合の秘密保持契約を想定している。

　秘密保持契約は、自社が有する重要な情報を相手方に提供する場合に広く利用され、相手方に秘密情報として管理する義務を課すことで、その情報が流出することを防ぐために締結される。個々の契約において秘密保持条項が入ることも多いが、本契約例が想定している場面は、特定の契約締結に至る前の、事前の契約交渉等において秘密情報を開示する場合を想定している。

秘密保持契約書

　株式会社NKYM（以下「甲」という。）と株式会社ARK研究所（以下「乙」という。）は、甲乙間で相互に開示する秘密情報の取扱いにつき、以下のとおり合意した。

第1条（目的）
　甲および乙は、〇〇〇〇のため（以下、「本目的」という。）、第2条に規定する秘密情報をお互いに開示するものとする。

コメント

　本条は、秘密保持契約の目的を定める条項である。〇〇〇〇の部分には、当事者間で秘密保持契約を結ぶ目的である、特定の製品の共同開発や、契約の締結に向けた交渉・締結等を記載することになる。

第2条（秘密情報）

1　本契約において秘密情報とは，甲および乙が保有する技術上または営業上の情報であって公然と知られていないものをいい，以下に例示するものを含む。本契約において，情報を開示する当事者を「開示者」，当該情報を受領する当事者を「被開示者」という。
 (1)　甲および乙の製品やサービス等に関する情報
 (2)　甲および乙の営業・財務・人事等に関する情報
 (3)　甲および乙の取引先や顧客等に関する情報
 (4)　甲および乙の従業員や役員等に関する情報
 (5)　甲および乙が他社との契約や法律において秘密として保持することが義務づけられた情報，あるいは各種ガイドラインにおいて秘密として保持することが要請される情報
 (6)　上記のほか，甲および乙が秘密情報として管理し，あるいは秘密として書面により指定した情報
2　前項の規定にかかわらず，本契約における秘密保持義務は以下の情報には及ばないものとする。ただし，個人情報については，本項は適用されない。
 (1)　開示の時点ですでに被開示者が保有していた情報
 (2)　秘密情報によらず被開示者が独自に生成した情報
 (3)　開示前からすでに公知であった情報
 (4)　開示後に被開示者の責に帰すべき事由なく公知となった情報
 (5)　正当な開示権限のある第三者から秘密保持義務を課されることなく取得した情報

> **コメント**
>
> 　本条は，秘密保持契約の対象となる「秘密情報」とは何かを定める規定である。
> 　1項において，秘密情報の定義を定め，2項において秘密情報に当たらないものを定めている。また，1項6号を定め，柔軟に秘密と指定したものは秘密情報になるように定めている。指定の方式として，口頭による場

合を含めると，後にそのような指定があったか否かをめぐり争いになるリスクがあるため，本条では書面による指定に限っている。

第3条（秘密の保持）
1　甲および乙は，秘密情報を厳に秘密として保持し，被開示者は，本目的のために必要な範囲の自己の役員および従業員に限り秘密情報を開示するものとし，開示者の事前の書面による承諾なく，第三者に開示・漏えいしてはならない。
2　被開示者は，秘密情報を本目的に限り使用するものとし，本目的以外に使用してはならない。
3　被開示者は，秘密情報が記録された媒体について，開示者から事前に書面による許諾がなされた場合を除いて，開示者に無断で複製し，社外に持ち出し，あるいは送信をしてはならない。
4　被開示者は，秘密情報に該当するか否か疑問が生じた場合，速やかに開示者に照会をするものとし，その判断がなされるまでの間，当該情報を秘密情報として取り扱うものとする。
5　被開示者は，秘密情報の漏えいまたはその可能性を了知した場合，速やかに開示者に報告をしなくてはならない。
6　被開示者は，開示者から要求された場合または本契約が終了した場合，開示者の指示に従い秘密情報（複製物も含む。）を返還または廃棄するものとする。

▶コメント

　本条1項は，契約当事者の秘密保持義務を定めている。
　2項では，目的外使用を禁止している。
　3項では，秘密情報をプリンター等で印刷した誌面等の複製や社外への持ち出しを禁止している。
　4項は，秘密情報の解釈に疑義が生じた場合に秘密情報として扱わないとすると，後のトラブルにつながることから，その判断がなされるまでの間は秘密情報として扱うこととしている。
　5項は，秘密情報が漏えいした場合等に速やかに対処するべく報告義務

を定めている。
　6項は，秘密情報が相手方にいつまでもあると流出のリスクがあることから，要求により返還と廃棄ができるように定めている。
　なお，本契約の秘密情報は，秘密管理性，有用性，非公知性の3要件を満たせば，「営業秘密」（不正競争防止法2条6項）に該当し，違反行為の差止めを請求できる（同法3条）。

第4条（秘密保持に関連する事項）

　本契約に定めるところに加え，甲および乙は，相手方の定める関連規定や手続きを遵守するものとする。これには，以下に例示するものが含まれる（これらの改訂版を含む。）。
　(1)　秘密管理規程
　(2)　秘密文書取扱規程
　(3)　コンピュータ利用規程
　(4)　職務発明規程
　(5)　個人情報保護方針および個人情報取扱規程
　(6)　その他甲が秘密保持義務に関して随時定める規則や規程

▶コメント

　本条は，相手方の社内規程による秘密保持に関連する事項を遵守することを定めている。
　本条に定める以外にも秘密保持に関する詳細な社内規程があり，相手に遵守を求める場合は本条のように定めたほうがよい。もっとも，遵守すべき規定が多くなることを嫌い定めない場合もある。

第5条（秘密保持義務の例外）

1　法律上の要求に基づき，行政機関，立法機関，裁判所その他正当な法令上の権限を有する機関から開示を求められた情報については，被開示者は，本契約にかかわらず，当該行政機関または裁判所に対し開示することができる。ただし，開示することができる情報は法令に基づいて開示が要求されている部分に限られる。

2 被開示者が秘密情報につき法令に基づく開示を要求された場合,被開示者は遅滞なく当該要求のあった旨を開示者に書面にて通知する。
3 前項の定めにより開示した情報は,なお秘密情報として取り扱われる。

コメント

　本条は秘密保持義務の例外として,官公庁等からの法令に基づく開示要求があった場合を定めている。もっとも,2項において,開示者が事前に何らかの保護手段を講じたり,被開示者から開示されることを認識するために,被開示者の報告義務を定めている。

　また,一度例外的に開示された情報が,その後に秘密情報でなくならないように(2条2項4号参照),3項の定めを置いている。

第6条(期間等)
1 本契約の有効期間は,契約締結日から1年間とし,甲または乙いずれか一方が期間満了の1ヵ月前までに別段の書面による意思表示をしないときは,さらに1年間自動延長するものとし,以後も同様とする。
2 前項の規定にかかわらず,第3条および第5条の規定は本契約終了後5年間有効に存続するものとする。

コメント

　本条1項では契約期間を1年とし,自動更新の定めを置いている。もっとも,本秘密保持契約を締結する目的である契約交渉や共同開発の契約と平仄を合わせることも多い。

　2項では,契約終了後も数年間は秘密保持義務を負うことを定めているが,無期限とした場合,当該条項が公序良俗違反として無効になるリスクがあるため,注意が必要である。

第7条(損害賠償責任)
　甲および乙は,本契約に違反することにより,相手方に損害を与えたときは,〇〇〇〇万円を限度として賠償しなければならない。

コメント

　本条は，契約違反の場合の損害賠償請求権を定めている。

　本条では，情報漏えいが起きた場合の損害額が高額になり得ることから，賠償額の限度を定めている。他に，秘密情報の漏えいが起きた場合に損害額の立証が困難であることから，損害額の立証を不要とする定めを置く場合もある。

第3部

契約書ひな形集

1 個人情報の取扱いに関する同意書

　本同意書は，個人情報の提供についての同意書である。本同意書では，企業の採用活動に応募する個人が履歴書等に記載された個人情報を提供する場面を例としているが，それ以外の個人情報の提供を求める場面においても参考になるであろう。
　個人情報の利活用の議論が進む一方で，個人情報の流出等の事件も起こり，個人情報についての権利意識が高まっている。個人情報保護法の規定に沿った同意書を作成し，同意をきちんと取得しておくことが重要である。

同　意　書

　株式会社HSGW（以下「当社」といいます。）は，採用・選考・募集にあたり，貴殿に関する個人情報をご提供いただいております。ご提供いただいた個人情報の取扱いについては下記の通りとなっております。内容をご確認の上，ご署名ください。

1．（個人情報）
　当社は，応募者から採用選考に必要な事項として必要書類（履歴書，成績証明書，卒業証明書，職務経歴書，健康診断書等）をご提出していただき，氏名，住所，生年月日，性別，健康診断結果その他特定の個人を識別する事ができる情報（以下「個人情報」といいます。）を取得します。

2．（利用目的）
　当社は，応募者の個人情報を採用選考活動の運営（書類選考および面

接等の採用選考並びに選考期間中または採用内定後のご案内およびご連絡等）を目的として利用し，それ以外の目的には利用しません。

3．（個人情報の取扱い）

　　当社は，応募者の個人情報を利用目的の範囲内で正確かつ最新の内容に保つように努め，不正なアクセス，改ざん，漏えい等から守るべく，必要かつ適切な安全管理措置を講じます。また，応募者の個人情報は，不採用または採用辞退の場合には，一定期間保管後破棄します。採用に至った場合には，応募者が入社する時まで保管するものとし，入社時に改めて個人情報の取扱いに関して同意を頂きます。

4．（第三者提供）

　　当社は，応募者の個人情報を応募者ご本人の同意を得ず第三者に開示・提供することはありません。ただし，次の場合は，関係法令に反しない範囲において，応募者の同意なく内容を開示することがあります。
　（1）官公庁等から法的根拠に基づき個人情報についての開示を求められたとき
　（2）応募者または公衆の生命，健康，財産などの重要な利益を保護するために必要なとき

5．（委託）

　　当社は，収集した応募者の個人情報の取扱いを，採用選考活動の運営業務上，必要な範囲内において第三者へ委託する場合があります。この場合，当社は厳格な選定基準に基づき委託先業者を選定し，委託先業者と秘密保持契約を締結するなど，ご提供された個人情報を保護するうえで適切な管理・監督を実施いたします。

6．（情報提供の任意性）

　　個人情報のご提供は任意です。ご提供いただけない個人情報がある場合，当社での採用の検討ができない場合がありますので，あらかじめご

了承ください。

7．（個人情報の開示，訂正，削除等）
　　当社にご提供頂いた個人情報について，応募者ご本人が利用目的の通知・開示・訂正・追加または削除，利用または提供の拒否の申出をする場合は，次の当社窓口までご連絡ください。

> 株式会社HSGW
> 〒123－4567 東京都○○区○○町○—○
> TEL○○－○○○○－○○○○個人情報保護管理責任者 ○○○○

【応募者ご署名欄】
私は上記に同意のうえ，私の個人情報を提供します。
　　　　　　　　　　　　　　　　　　　　　　年　　　月　　　日
　　　　　　　　　　　　　　　　　署名　　　　　　　　　　　　印

2 プライバシーポリシー

　本書式はプライバシーポリシーの書式例である。プライバシーポリシーとは，個人情報やプライバシー情報の取扱いについての指針である。

　昨今，個人情報やプライバシー情報への意識が高まっていることから，各企業はこれらの情報の管理に細心の注意を要する。サービス利用規約等の中に組み込むことも考えられるが，これら情報への意識の高まりから，サービス利用規約等とは独立してプライバシーポリシーを定めることが多い。

　事業者が個人情報保護法やプライバシーマークを取得していれば，その基準を反映させる必要がある。

プライバシーポリシー

　HSGW株式会社（以下「当社」という。）は，個人情報の重要性を認識し，その保護の徹底をはかるため，個人情報の保護に関する法律，行政手続における特定の個人を識別するための番号の利用等に関する法律，個人情報保護に関する法律についてのガイドライン（通則編，匿名加工情報編，第三者提供時の確認・記録義務編，外国にある第三者への提供編），その他当社業務に関連する法令およびガイドライン等を遵守するとともに，個人情報を，以下により取り扱うこととします。

1　個人情報の取得

　当社は，適法かつ公正な手段により取得した次の①〜⑥の情報を取り扱います。また，情報の内容によっては個人情報に該当しない場合もあ

りますが，当社は，お客さまの情報の扱いに十分配慮するものとします。
① 当社がサービスを提供するために，お客さまから申込書等の書面，Web等の画面，口頭等の方法で取得した情報。なお，お客さまとの電話応対時においては，お問い合わせ内容の確認とサービス向上のために通話を録音させていただく場合があります。
② お客さまが当社サービス等をご利用いただくことに伴い当社が取得した情報（クッキー（cookie），ウェブビーコン（web beacon），広告用識別子などの技術を使用して取得したアクセス情報など，当社のシステム等で自動的に取得される情報を含みます。）

なお，クッキー，ウェブビーコン，広告用識別子などの技術を使用して取得したアクセス情報と当社保有の個人情報を組み合わせて利用する場合があります。
③ 住民票等，公的機関に照会して入手した情報
④ 電話番号帳，官報等の公表されている各種情報源から取得した情報
⑤ 信用情報機関等から取得した情報
⑥ その他，お客さまの紹介等，第三者から適法に入手した情報

また，当社は，アプリケーションソフトウェア（以下「アプリケーション」という。）を提供する場合において，当該アプリケーションにおける個人情報の取得等について，アプリケーションごとに明確かつ適切に定めた規定（以下「アプリケーション・プライバシーポリシー」という。）を公表します。

アプリケーション・プライバシーポリシーあるいは個別のサービス利用規約等と，本プライバシーポリシーとで差異がある場合は，アプリケーション・プライバシーポリシーあるいはサービス利用規約等が優先します。

当社は，要配慮個人情報として法令で定められている情報を取得する場合には，お客さまの同意の上取得します。

当社は行政手続における特定の個人を識別するための番号の利用等に関する法律に基づく個人番号（マイナンバー）および特定個人情報については，本法律に定められた利用目的の範囲内でのみ，収集・利

用いたします。

2　個人情報の利用
(1)　利用の範囲

　　当社が保有する個人データは，次の各号に該当する場合を除き，それぞれのサービスおよび業務の利用目的の達成に必要な範囲で利用するほか，相互に利用することがあります。また，当社の関係会社および提携先（別掲参照）のサービス等の案内についても利用することがあります。
- お客さまの同意がある場合
- 法令に基づく場合
- 人の生命，身体または財産の保護のために必要がある場合であって，お客さま本人の同意を得ることが困難であるとき
- 公衆衛生の向上または児童の健全な育成の推進のために特に必要がある場合であって，お客さま本人の同意を得ることが困難であるとき
- 国の機関もしくは地方公共団体またはその委託を受けた者が法令に定める事務をすることに対して協力する必要がある場合であって，お客さま本人の同意を得ることにより当該事務の遂行に支障を及ぼすおそれがあるとき

(2)　利用目的の変更

　　当社は，変更前の利用目的と関連性を有すると合理的に認められる場合は，利用目的を変更することがあります。

　　なお，利用目的を変更した場合は，変更された利用目的について本人に通知あるいは当社ホームページ等にて公表いたします。

(3)　個人データの消去

　　当社は，利用目的が達成された場合や，利用目的が達成されなかったものの利用目的の前提となる事業自体が中止となった場合等は，当該個人データを遅滞なく消去いたします。

　　なお，当社はお客様との各種契約が終了した後においても，利用目

的の範囲内で個人情報を利用することがあります。

3 匿名加工情報の取扱い
- 当社は，匿名加工情報を作成するときは，特定の個人を識別することおよびその作成に用いる個人情報を復元することができないようにするために必要な措置を取ります。
- また，匿名加工情報を自ら利用するときは，元の個人情報に係る本人を識別（再識別）する目的で他の情報と照合することを行いません。
- 当社は，匿名加工情報を作成したときは，法令の定めるところにより当該匿名加工情報に含まれる個人に関する項目を公表します。
- 当社は，当社が作成した匿名加工情報を第三者に提供するときは，法令の定めるところにより，第三者に提供される匿名加工情報に含まれる個人に関する情報の項目およびその提供の方法について公表するとともに，当該第三者に対して，提供に係る情報が匿名加工情報である旨を明示します。

4 外国にある第三者への提供

　当社は，外国にある第三者へ個人データの提供を行う場合は，法令の定めに従い，同意の取得等必要な措置を取ります。

5 個人情報の管理

　当社は，個人情報へのアクセスの管理，個人情報の持出し手段の制限，外部からの不正なアクセスの防止のための措置その他の個人情報の漏えい，滅失またはき損の防止その他の個人情報の安全管理のために必要かつ適切な措置（以下「安全管理措置」という。）を講じます。

　当社は，安全管理措置を講ずるにあたっては，関係する法令，ガイドラインおよび情報セキュリティシステムの枠組みを活用し，以下のとおり技術的保護措置および組織的保護措置を適切に実施します。

(1) 技術的保護措置
- 個人情報へのアクセスの管理（アクセス権限者の限定（異動・退職

した社員のアカウントを直ちに無効にする等の措置を含む。），アクセス状況の監視体制（アクセスログの長期保存等），パスワードの定期的変更，入退室管理等）を実施します。
- 個人情報の持出し手段の制限（みだりに外部記録媒体へ記録することの禁止，社内と社外との間の電子メールの監視を社内規則等に規定した上で行うこと等）を実施します。
- 外部からの不正アクセスの防止のための措置（ファイアウォールの設置等）を実施します。

(2) 組織的保護措置

ア）従業者（派遣社員含む）の監督
- 個人情報管理の責任者として，「情報セキュリティ責任者」を任命するとともに，個人情報の安全管理に関する従業者の責任と権限を明確に規定します。
- 安全管理に関する内部規程・マニュアルを定め，それらを従業者に遵守させるとともに，その遵守の状況についての適切な監査を実施します。
- 従業者に対して個人情報の安全管理に関する教育研修を実施します。

イ）業務委託先の監督

当社は，個人情報の取扱い業務の全部または一部を委託する場合があります。この場合，当社は，個人情報を適正に取り扱うと認められるものを選定し，委託契約において，安全管理措置，秘密保持，再委託の条件，委託契約終了時の個人情報の返却等その他の個人情報の取扱いに関する事項について適正に定め，必要かつ適切な監督を実施します。

6　ダイレクトメール等によるご案内の停止

お客さまがダイレクトメール等（EメールやSMSによるご案内を含みます）による宣伝物の送付等を希望されない場合は，当社に対しその中止を申し出ることができます。ただし，当社が提供する各種サービス等

に関する申込みあるいはご注文等の確認に係るメール，お客さまの利用しているサービスに関する重要なお知らせメール等，当社の業務運営上必要な案内等の送付を除きます。中止のお申し出は，下記までご連絡ください。

「HSGW お客さまセンター」

［電話番号］（無料）

受付時間：9：00〜20：00（土・日・祝日も受付）

※上記番号がご利用になれない場合：［電話番号］

7　個人データの開示請求

　　当社は，お客さま本人またはその代理人から，当該個人データの開示請求があったときは，次の各号の場合を除き，遅滞なく回答します。
- お客さま本人または第三者の生命，身体，財産その他の権利利益を害するおそれがある場合
- 当社の業務の適正な実施に著しい支障を及ぼすおそれがある場合
- 法令に違反することとなる場合

個人データの開示請求に関するお問合せは下記までご連絡下さい。

「HSGW個人データ開示等相談窓口」

〒100-0000

［住所］

［電話番号］（9：00〜17：00 ただし土曜・日曜・祝日・年末年始を除く）

個人データの開示請求の手続きについては，（別掲（略））をご参照ください。

8　個人データに関するその他の受付について

(1)　個人データの訂正等（訂正，追加もしくは削除または利用の停止もしくは第三者への提供停止）

　　当社は，お客さま本人またはその代理人から当該個人データの訂正等の求めがあった場合には，遅滞なく調査を行います。その結果，当該個人データに関し，内容が事実でない，保存期間を経過している，

その他取扱いが適正でないと認められるときは，遅滞なく訂正等を行います。

　個人データの訂正等のお申し出は，上記の「HSGW 個人データ開示等相談窓口」までお願いいたします。

(2) 利用目的の通知

　当社は，お客さま本人またはその代理人から利用目的の通知の求めがあったときは，次の各号の場合を除き，遅滞なく通知いたします。
- 当該本人が識別される個人情報の利用目的が明らかな場合
- 本人または第三者の生命，身体，財産その他の権利利益を害するおそれがある場合
- 当社の権利または正当な利益を害するおそれがある場合
- 国の機関または地方公共団体が法令の定める事務を遂行することに対して協力する必要がある場合であって，当該事務の遂行に支障を及ぼすおそれがあるとき。

　利用目的の通知のお申し出は，上記の「HSGW 個人データ開示等相談窓口」までお願いいたします。

(3) 個人データの取扱いに関する苦情

　当社は，個人データの利用，提供，開示または訂正等に関する苦情その他の個人データの取り扱いに関する苦情を適切かつ迅速に処理いたします。

　苦情のお申し出は，上記の「HSGW 個人データ開示等相談窓口」までお願いいたします。

　なお，いずれの場合も，直接のご来社による申し出は受けかねますので，ご了承ください。

3 秘密情報管理規程

　本規程例は，社内の秘密情報などの管理を行うための規程例である。技術情報や営業情報が漏えいした場合には，会社が直接に多大な損害を被ることになる。また，個人情報が漏えいした場合には，個人情報の主体が受けた損害を賠償するための費用が必要になるほか，会社の信用が毀損されることになる。

　このような事態を防止するために，秘密情報管理規程を策定し運用することは重要である。また，PDCAサイクルを回し常に改善を図っていく必要があり，そのようなPDCAサイクルを回すための第一歩が秘密情報管理規程の策定にあるといえる。経営陣の視点からは，内部統制システムの構築義務（会社法362条4項6号）を果たすうえでも，適切な秘密情報管理規程の策定，整備を行う必要がある。

秘密情報管理規程

（目的）

第1条 この規程は，会社の秘密情報を適切に保護するとともに，他社の営業秘密の侵害を防ぐため，秘密情報に関する必要な事項を定めることを目的とする。

（定義）

第2条 この規程において用いる用語の定義は，次の各号に定めるとおりとする。

(1) 「従業者」とは，会社の組織内にあって直接または間接を問わず会社の指揮監督を受けて会社の業務に従事している者をいい，取締役，

監査役,派遣社員も含むが,これに限られない。
(2) 「秘密情報」とは,会社が保有する技術上または営業上の有用な情報であって,会社が秘密として管理するものをいう。
(3) 「アクセス権者」とは,特定の秘密情報にアクセスする権限を認められた者をいう。

(適用範囲)
第3条 この規程は,従業者が会社の業務の遂行において取り扱うすべての秘密情報に適用される。

(秘密区分)
第4条 会社における秘密情報の区分は次のとおりとする。
(1) 極秘
経営上きわめて重要な情報であって,「極秘」または「Restricted」と表示されたもの。
(2) 秘密
会社にとって重要な情報であり,「秘密」または「Confidential」と表示されたもの。
(3) 社外秘
会社にとって重要な情報であり,「社外秘」または「Internal Use Only」と表示されたもの。

(責任体制)
第5条 秘密情報を管理するために以下の体制を定め,責任と権限を付与する。
(1) 情報担当役員　会社の秘密情報管理の統括責任者として,社長から任命された取締役または執行役をいう。
(2) 部門責任者　各部門において秘密情報管理に関する全社的な管理方針が正しく運用されていることを確認する責任を負う従業員をいう。

（秘密区分の指定）

第6条 秘密区分の指定は，原則として当該秘密情報の作成または管理に責任を負う従業員（以下，「作成者」という。）の所属する組織の責任者（以下，「組織責任者」という。）が，第4条の区分に従って行うものとする。組織責任者は，秘密区分の指定とともに秘密区分の有効期限およびアクセス権者の範囲を特定し，記録しなければならない。

2　秘密情報を極秘または秘密に区分した場合，組織責任者は速やかに部門責任者および情報担当役員に対して秘密区分を報告しなければならない。情報担当役員は，組織責任者が指定した秘密区分の変更を命ずることができる。

3　作成者は，指定された秘密区分に従って，紙媒体の場合，「極秘」等の文字をスタンプ等によりはっきりと表示することにより，電子情報の場合，アクセスした者がはっきりと認識できるように「極秘」等の秘密区分を表示するデータを電子情報そのものに組み込むことにより，秘密区分を明示しなければならない。

4　作成者は，前項の方法により秘密区分を明示することが不適当な秘密情報については，適当な方法を用いて秘密区分を明示しなければならない。

5　従業者は，秘密情報に付された秘密区分を表す文字やデータを変更，削除，消去等してはならない。

（他社情報の取扱い）

第7条 従業者は，第三者から秘密の開示を受ける場合，その開示につき，当該第三者が正当な権限を有することの調査，確認を行う。

2　第三者から開示を受けた秘密を記録した媒体を返還する必要がない場合や複製が許されている場合，当該媒体を管理する組織責任者は，第6条の規定に従って秘密区分の指定を行い，かつ，それが他社情報であることがわかるよう情報の出所を明示しなければならない。

（秘密区分の指定の変更・解除）
第8条 組織責任者は日時の経過等により秘密性が低くなった，または，秘密性がなくなった秘密情報については，適宜，秘密区分の変更または秘密情報の指定の解除を行うものとする。その場合，組織責任者はただちに作成者にその旨を通知するものとする。
2　作成者は，自己の管理する秘密情報に関して，秘密区分の変更または秘密情報の指定の解除があった場合，速やかに当該秘密情報について秘密区分の表示を変更するものとする。

（秘密情報の保管）
第9条 秘密情報を記録した文書，ＣＤ―Ｒ等の媒体は，アクセス権者以外の者がアクセスできない場所（例えば，部署内の特定の者が管理する施錠可能なキャビネット等）に施錠して保管しなければならない。
2　秘密情報を管理しているサーバや端末パーソナルコンピュータについては，情報セキュリティ管理規程に従ってウィルス対策を講ずるものとする。
3　極秘および秘密に区分された秘密情報を電子データとしてサーバに保存する場合，アクセス権者以外の者がアクセスできないようにファイル・パスワードによるアクセス制限をかけなければならない。
4　極秘に区分された秘密情報を記録した媒体は，情報担当役員の事前の承認なくして複製，社外持出しまたは社外送信を行ってはならない。
5　秘密に区分された秘密情報を記録した媒体は，部門責任者の事前の承認なくして複製，社外持出しまたは社外送信を行ってはならない。

（秘密情報の第三者への開示）
第10条 従業者は秘密情報を第三者へ開示する場合，事前に以下の者から承認を得なければならない。
　(1)　「極秘」に区分された情報：情報担当役員
　(2)　「秘密」に区分された情報：部門責任者

(3)　「社外秘」に区分された情報：組織責任者
　2　秘密情報を第三者に開示する場合，開示に先立ち，所定の「秘密保持契約書」または同等の秘密保持義務を定めた契約書を秘密情報の受領者との間で締結しなければならない。

（秘密情報の廃棄）
第11条　秘密情報の廃棄は，部門責任者が決定し，次の方法により行う。
　(1)　文書，図面その他の記録媒体は，シュレッダーにより裁断処分する。
　(2)　シュレッダーによる裁断処分が不可能な記録媒体は，焼却，溶解，破壊その他適切な方法により処分する。
　(3)　秘密情報を保管していたコンピュータ・サーバ等のコンピュータ機器類を廃棄する場合，または他者に譲渡等する場合には，内蔵されている記憶装置（例えば，ハードディスク）内に残っている情報が誤って他者に開示されることのないよう，電磁的記録の消去を実施する。

（秘密保持義務）
第12条　従業者は，在職中および退職後といえども，秘密情報を会社の業務以外の目的に使用してはならない。
　2　従業者は，在職中および退職後といえども，秘密情報をアクセス権者以外のいかなる者にも開示または漏えいしてはならない。
　3　前二項の規定にかかわらず，従業者は，業務上秘密情報を第三者へ開示する必要がある場合には，第10条の規定に従って秘密情報を開示することができる。

（退職の際の手続き）
第13条　従業者が退職する際，退職する従業者の上長は，当該従業者が在職中に知り得た秘密情報を特定するなど，当該従業者が負う秘密保持義務等の内容を確認する。

2　退職する従業者は，自己の管理・占有している秘密情報が記録された媒体のすべてを，その複製物も含めて返還しなければならない。
3　退職する従業者は，別に定める書式により，会社との間で秘密保持契約書を締結するものとする。

（教育研修）
第14条　情報担当役員は，本規程の内容等を周知徹底させるため，従業者に対し適切な教育研修を計画し，実施するものとする。
2　従業者は，情報担当役員が実施する秘密情報管理に関する教育研修を受けなければならない。

（懲戒処分）
第15条　会社の従業員がこの規程に違反した場合，就業規則に定めるところにより懲戒処分に付す。

（改廃）
第16条　この規程の改廃は規程管理規程に定める手続きによるものとする。

索　引

欧文

AI················10, 30, 38, 43, 66, 177, 205, 206
AI・データの利用に関する契約ガイドライン················45, 48, 81, 179
AIプログラム················34
API·······158, 159, 160, 161, 163, 164, 165, 166, 168, 170, 171, 172, 213
B to B（business to business）················27
B to B（企業対企業）················38
B to C（business to consumer）················27
B to C（企業対消費者）················38
C to B················27
CDO················68
CEO················76
DTA················16
EC指令················16
EEA················13, 14, 15, 18
EU················8, 12, 13, 15, 18, 26, 28, 43, 97
EU裁判所················75
EU指令················16
EU法················12
Fintech········161, 164, 165, 166, 167, 169, 172, 173, 174, 176
Fintech企業················162, 167
GDPR······12, 13, 14, 15, 16, 18, 19, 28, 97, 115
IoT······27, 30, 31, 33, 36, 43, 66, 111, 116, 177, 205, 206
IoT家電················30
IoTサービス················178, 186, 190, 197
IPアドレス················72, 73
ISDS················11
IT················14, 36, 38, 111, 118, 125, 126
ITガバナンス················66, 67
IT機器················116
OECD（経済協力開発機構）················31

PDCAサイクル················14
PDS················205, 216
SNS················69
TPP················11

あ行

アカウント················217, 218
アカウント情報················217, 218, 224
アカウント認証················213
アクセス権限················163, 164
アクセス権限者················243
アクセストークン················161
アプリケーション················158, 159
安全管理措置················103, 147
一般データ保護規則················8, 12
インターネット········8, 10, 30, 61, 63, 65, 74, 141, 177, 184
インターネット安全法················9, 20
インターネットショッピングモール················61
ウェブサイト················9, 61, 63, 69, 73, 74
営業秘密················86
欧州経済領域（EEA）················18
オプトアウト················25
オプトアウト制度················24
オプトアウト手続················25

か行

改正民法·····55, 59, 60, 120, 124, 128, 129, 184, 199, 210, 211, 223, 224
ガイドライン················116
加工済データ················63
瑕疵担保責任················59, 109
仮名化················17
ガバナンス················37, 66
管轄裁判所················110
間接損害················174

技術的安全管理措置………………113
機微(センシティブ)情報………………23
共同開発………………232
業務委託契約書………………44
クラウド………65, 127, 143, 177, 213, 215, 216
クラウドコンピューティング………127
クラウドサーバー………………146
クラウドサービス………25, 26, 127, 128, 129, 130, 131, 132, 133, 134, 136, 137, 138, 143, 144
契約不適合責任………………59
広告電子メール………………202
国民生活審議会………………22
個人識別符号………………23
個人情報………………80, 180
個人情報取扱事業者………24, 25, 26, 111, 139
個人情報保護委員会………22, 23, 32, 100
個人情報保護法………13, 17, 18, 19, 21, 22, 25, 31, 32, 48, 96, 97, 103, 111, 115, 116, 117, 118, 138, 147, 195, 196, 221, 222
個人情報保護方針………………194, 220
個人情報保護法令………………15
個人データ………10, 16, 17, 18, 23, 26, 29, 30, 111, 118, 138, 206, 221
コネクテッドカー………………65
コーポレートガバナンス………………65
コンテンツ………………226
コンピュータウイルス………………167

さ行

再販売価格の拘束………………45
差止請求………………104
差止請求権………………76
サービスレベルアグリーメント(SLA)
………………132
産業データ………16, 34, 63, 147
産業廃棄物………………126
自己情報コントロール権………………31
自動更新条項………………156
準拠法………………110, 146, 176, 203

小規模事業者の特例………………24
譲渡禁止特約………………121, 175
消費者契約法………………60
情報管理体制………………156
情報管理内部統制………………13, 14
情報銀行………………205, 207, 216
情報セキュリティ………………66
情報セキュリティシステム………………242
情報漏えい………………19, 117, 153, 155, 167, 233
——の防止策………………147
ショッピングモール………………61
信義誠実の原則………………60
スクレイピング………………160
スマートフォン………………31
責任限定条項………………154
セキュリティ………137, 138, 152, 158, 167, 206
セキュリティ違反………………217
セキュリティ対策………………167
セキュリティ体制………………164
善管注意義務………………117
センサー………………177
専属的合意管轄裁判所………………227
組織的安全管理措置………………112
組織犯罪対策………………145
ソーシャルメディア………………69, 70

た行

第三者提供………………23, 196
抱き合わせ販売………………45
知的財産権………32, 46, 49, 50, 83, 84, 100, 105, 106, 219
著作権侵害………………34, 35
著作権法………………34
通信の秘密………………73
提供データ………47, 48, 51, 81, 82, 84, 85, 86, 87, 92, 95
定型取引………………182, 183, 209
定型約款………55, 58, 128, 129, 178, 181, 182, 183, 209, 210, 211
デジタルネット社会………………35

索引 253

データ解析	147
データガバナンス	65, 66, 67, 111
データサイエンティスト	67
データ削除要求権	20
データ収集	190
データ主体	17, 18, 19, 29
データ消去	115, 117, 118, 119, 126
データ取引	27
データ取引市場	206
データの破壊	126
データの破壊処理	126
データ廃棄	118
データバンク	208
データフォーマット	37
データプロバイダー	64
データベース	82, 83, 142
データポータビリティー	29, 207
データポータビリティー権	28, 97
データ保護責任者	12, 13, 20
データマーケティング	27
データマッピング	19
データ利活用	36, 37
データ流出	119, 120
データ流出防止	117
データ流通	36, 37, 39
データ漏えい	86, 87, 88, 122, 123
電気通信事業者	142
電子記録債権	91
電子決済等代行業者	160
電子商取引	11
電子データ	193
東京都暴力団排除条例	226
独占禁止法	38, 43, 44, 77
特定個人情報	117, 147, 240
特定個人情報ファイル	116
匿名加工購買情報	98, 99, 100, 101, 102, 103, 104, 105
匿名加工情報	23, 24, 25, 32, 44, 66, 96, 97, 98, 101, 103, 174, 196, 242
匿名加工情報取扱事業者	24, 100, 103
取引拒絶	45
トレーサビリティ	207

な行

ネット検索連動型広告	61
ネットサーバー	20
ネットワーク	127, 128, 167, 177, 188, 218
ノウハウ	63
ノンパッケージ型流通	33

は行

ハイパーリンク	61, 62
バージョンアップ	189
バスケット条項	135
派生データ	41, 47, 49, 53, 54, 89, 197, 198
パーソナルデータ	32, 34, 63, 96, 205
バーチャルショッピング	9
ハッキング	152, 167
反社会的勢力	92, 93, 145, 202, 212, 226
ビッグデータ	8, 10, 31, 32, 43, 96, 177
秘密情報	230
秘密保持義務	47, 52, 89, 121, 122, 155, 229
秘密保持契約	228
表明保証	150, 170
表明保証違反	169, 170
表明保証条項	100, 101, 109, 150, 157, 169
ファイアウォール	243
不可抗力	223, 224
不可抗力条項	119, 199
不公正な取引方法	45
不正アクセス	113, 162, 163
不正競争防止法	104
物理的安全管理措置	113
不当条項	210
不当廉売	45
プライバシー	71, 72, 73, 75, 165, 188
プライバシーガイドライン	31
プライバシー権	20, 32, 42, 70
プライバシー情報	239
プライバシー侵害	77

プライバシーポリシー······················215, 239
プラットフォーマー········9, 28, 38, 43, 64, 68,
　69, 70, 76, 77
プラットフォーム····················40, 68, 69, 147
プラットフォーム型································42
プログラムの著作物················146, 157, 176
プロバイダー責任法································70
平成29年民法改正······119, 121, 124, 131, 144,
　168, 199, 200, 202, 209, 224
保証の否認··223
ポータビリティー権·························18, 30
ホームページ·······································241

ま行

マイナンバー·························116, 139, 240

マイナンバー法·····································22
民法改正·······························178, 183, 210
メンテナンス························132, 133, 198, 199
モニタリング·····································164

や行

約款規制···159
優越的地位の濫用·································45
要配慮個人情報······························23, 44

ら行

ライセンスフィー·······························105
ランニングロイヤルティ·····················105
リフレッシュトークン························161
漏えい··165, 173

〈編著者略歴〉

長谷川　俊明（はせがわ　としあき）

1973年早稲田大学法学部卒業。1977年弁護士登録。1978年米国ワシントン大学法学修士課程修了（比較法学）。国土交通省航空局総合評価委員会委員，元司法試験考査委員（商法）。現在，企業法務とともに国際金融取引や国際訴訟を扱う傍ら，上場・大会社の社外取締役を務める。長谷川俊明法律事務所代表。

主な著書：『訴訟社会アメリカ』『競争社会アメリカ』『日米法務摩擦』（以上，中央公論新社），『日米パテントウォー』（弘文堂），『海外進出の法律実務』『国際ビジネス判例の見方と活用』『海外子会社のリスク管理と監査実務』『アクティビスト対応の株主総会準備』『新しい取締役会の運営と経営判断原則』『海外子会社のリスク管理と監査実務』『業務委託契約の基本と書式』『ライセンス契約の基本と書式』（以上，中央経済社），『株主代表訴訟対応マニュアル100カ条』『訴訟社会』（訳書）（以上，保険毎日新聞社），『ビジネス法律英語入門』『リスクマネジメントの法律知識』（以上，日経文庫），『実践　個人情報保護対策Q&A』（経済法令），『個人情報保護法と企業の安全管理態勢』（金融財政事情研究会），『ローダス21最新法律英語辞典』（東京堂出版）ほか。

〈執筆者略歴〉

荒木　洋介（あらき　ようすけ）

2009年九州大学工学部機械航空工学科卒業後，2013年早稲田大学法科大学院修了（法務博士）。2014年弁護士登録。同年，長谷川俊明法律事務所入所。
主な著作：「中国特許法改正の動向とPAE規制」（共同執筆，「国際商事法務」Vol.43, No.5），「結婚・子育て支援信託契約書」「キャラクター商品化契約」（以上，『会社契約作成マニュアル』共著，新日本法規），「よくわかる金融個人情報保護コース TEXT1」（共著，経済法令研究会），『業務委託契約の基本と書式』『ライセンス契約の基本と書式』（以上，中央経済社）。

中山　創（なかやま　そう）

2012年上智大学法学部法律学科卒業後，2014年早稲田大学法科大学院修了（法務博士）。2017年1月弁護士登録。同月，長谷川俊明法律事務所入所。
主な著作：「SEO委託契約」「電子マネー加盟店規約」「PB商品取引契約」「情報提携契約」（以上，『会社契約作成マニュアル』共著，新日本法規），「預かり資産アドバイザー養成コース」（共著，経済法令研究会），『業務委託契約の基本と書式』『ライセンス契約の基本と書式』（以上，中央経済社）

藤田　浩貴（ふじた　ひろき）

2013年大阪大学法学部法学科卒業後，2015年京都大学法科大学院修了（法務博士）。2016年12月弁護士登録。2017年1月長谷川俊明法律事務所入所。
主な著作：「限定正社員契約」「広告出演契約」「株主間契約」「エリア・フランチャイズ契約」（以上，『会社契約作成マニュアル』共著，新日本法規），「預かり資産アドバイザー養成コース」（共著，経済法令研究会），『業務委託契約の基本と書式』『ライセンス契約の基本と書式』（以上，中央経済社）

データ取引契約の基本と書式

2018年9月20日　第1版第1刷発行	
編著者	長　谷　川　俊　明
発行者	山　本　　　継
発行所	㈱中　央　経　済　社
発売元	㈱中央経済グループ パブリッシング

〒101-0051　東京都千代田区神田神保町1-31-2
電話　03 (3293) 3371 (編集代表)
　　　03 (3293) 3381 (営業代表)
http://www.chuokeizai.co.jp/
印刷／三英印刷㈱
製本／㈲井上製本所

© Hasegawa Toshiaki 2018
Printed in Japan

＊頁の「欠落」や「順序違い」などがありましたらお取り替えいたしますので発売元までご送付ください。(送料小社負担)
ISBN978-4-502-27441-1　C3032

JCOPY〈出版者著作権管理機構委託出版物〉本書を無断で複写複製（コピー）することは，著作権法上の例外を除き，禁じられています。本書をコピーされる場合は事前に出版者著作権管理機構（JCOPY）の許諾を受けてください。
JCOPY〈http://www.jcopy.or.jp　eメール：info@jcopy.or.jp　電話：03-3513-6969〉